Meurtre d'une âme pure

Rose Adina

Meurtre d'une âme pure

LE LYS BLEU
ÉDITIONS

ISBN : 979-10-422-2447-9

Avertissement

Ce livre n'est pas recommandé pour les enfants.

Préface

À la racine de l'indignité humaine, il y a l'inceste. Cet acte qui donne accès à un corps qui ne sait pas le consentement puisqu'il ne sait pas définir les contours identitaires de sa propre corporéité.

Ce qui est monstrueux dans cette pratique, c'est la conscience de l'abus qu'a le prédateur et la jouissance qu'il en retire.

Ce livre dépeint l'enfance bouleversante qui en témoigne. À chaque étape, il y a eu blessure. À chaque tentative de libération, il y a eu sarcasme. À chaque respiration, il y a eu volonté d'étouffement.

Il en va de notre responsabilité à tous, à chacun d'entre nous, lecteurs, de pouvoir « pleurer à ses côtés ». Pour que l'auteure puisse enfin s'ouvrir au monde avec une possibilité d'avancer même si elle garde en elle cette grande cicatrice.

Que ce livre puisse la repeindre en or, cette cicatrice, pour que comme dans la tradition japonaise du Kintsugi, elle puisse sublimer l'objet, le rendre plus fort et plus résilient.

Puisse l'auteure y puiser sa réparation et par là même qu'elle puisse un peu par ce livre faire ce « Tikkoun Olam », cette réparation du monde pour que sa parole, au travers de ce très beau livre, puisse être entendue des bourreaux et des victimes, mais aussi de ceux qui ne savaient pas…

Ce livre, c'est aussi avec l'humour un exemple de survie qui force l'admiration. Je souhaite à tous d'en ressortir grandis, car il ne faut pas s'y tromper. Il s'agit bien d'un témoignage d'espoir…

Alors à notre tour de lui dire, pour qu'elle guérisse tout au long de notre lecture, « Petite fille si pure, c'est fini, plus personne ne te fera du mal… »

Guila Clara Kessous
Artiste de l'UNESCO pour la Paix

unesco
Guila Clara Kessous
Artiste pour la paix

Une vie hors du commun.

Vous avez voulu partager mon corps, alors partageons ce livre ensemble.

On ne m'avait pas préparée à ça…

Ce livre est une biographie, un mélange de traumatismes, de psychologie, d'analyse et d'esprit positif. Et une petite pointe d'humour, le tout avec beaucoup d'amour.

Une jeune femme, une jeune mère, qui recherche la vérité dans ce monde sauvage, Keren Rose Adina.

Voici une aventure qui va séduire mes lecteurs !

Mes amis, asseyez-vous sur votre siège et mettez de la musique douce, par exemple :

– Mozart, Symphonie n° 40 en sol mineur ;
– La bande-annonce du film Body Guard ;
– Des musiques hassidiques douces ;
– La chanson Ima Yekara de Shlomi Shabbat ;
– Mike Brandt : « Serre les poings et bats-toi » ou « Donne un peu de toi », deux musiques qui m'ont accompagnée depuis toute petite.

Il y en a pour tous les goûts, toutes les religions. Paraît-il que la musique apaise et guérit… Le pouvoir de la musique est d'exprimer l'âme qui pleure.

Vous avez choisi ? Prenez le temps de respirer profondément. Il faut du calme. Allez-y, vous pouvez commencer !

Rose a bien grandi. Elle a gardé son âme d'enfant blessée, trahie, humiliée. Elle a traversé un long périple pour naître à la vie, à l'amour, une course d'endurance pour survivre à l'inceste, aux violences et aux addictions.

Ceci est l'histoire d'une famille incestueuse qui a abandonné une enfant, son enfant !

C'est aussi le courage, la force, l'espoir, la foi qui lui ont permis l'ouverture au monde, à la vie, au bonheur, à naître enfin !

Rose, c'est moi et ceci est mon histoire…

Introduction

La petite fille en moi ne demandait qu'une chose : qu'on la regarde avec amour et tendresse, comme on regarde son enfant, un sourire doux aux lèvres. Mais aussi qu'on la protège de toutes les souffrances du monde. À la place, cette petite fille a vécu l'inceste de la part de plusieurs membres de sa famille, de l'âge de cinq ans à onze ans, ainsi que des violences psychologiques et physiques. C'est pour cela que cette petite fille blessée est restée coincée dans un corps d'adulte d'aujourd'hui. Voilà pourquoi à trente-quatre ans, je suis toujours ce gros bébé blessé.

Aujourd'hui, elle ne demande qu'à se sentir en sécurité, et à chaque pas qu'elle fait, elle cherche comme la protection d'une couveuse.

Pourquoi cette partie de mon cerveau n'a-t-elle pas évolué depuis le temps ? Lorsque j'éclate en sanglots, je dis tout bas : où es-tu papa ? Où es-tu mon sauveur ? Au secours ! Parfois, je le dis même à voix haute, mais personne ne l'entend… Cette souffrance est invisible. Ces douleurs d'adulte, indescriptibles, viennent de cette enfant blessée, jamais soignée, ni apaisée. Pas sauvée à temps… Cette petite fille espère toujours renaître dans les bras d'un père bienveillant qui la sauvera, qui l'aimera d'un amour inconditionnel et pour qui elle éprouvera une reconnaissance infinie.

Toutes ces années, j'ai fait taire cette petite fille craintive, je l'ai insultée, je l'ai frappée, dénigrée, j'ai ignoré tous ses besoins et j'ai fait passer les autres avant elle. Je l'ai diminuée comme une moins que rien. Je lui ai infligé beaucoup de mal et encore aujourd'hui. Pourquoi ? J'ai parfois envie de la claquer tellement elle est aussi sensible qu'une enfant de 5 ans. Je m'en veux presque d'être comme je suis, comme si toute une partie de moi était handicapée. Tout n'est que masque chez moi, car en vérité je suis encore une vraie petite fille qui n'a eu que le choix de grandir.

Aujourd'hui, pour que cette petite fille intérieure se sente aimée réellement, elle aurait besoin d'une personne qui pleure à ses côtés, qui lui dise : « Ma petite fille si pure, c'est fini, plus personne ne te fera du mal. Je suis là maintenant. J'ai mal pour toi, je vais t'accompagner, te défendre, je ne veux plus te voir anéantie. »

Pour que cette fille si abîmée se sente enfin apaisée, accueillie, réconfortée, elle a un grand besoin de protection, de confiance, car j'ai gardé la même innocence que lorsque j'étais petite, et ça personne ne peut me l'enlever. Je souhaitais juste être respectée, et vivre sereinement. C'est tout ! Mais apparemment, c'est trop demander et je ne le mérite pas.

Entrez dans mon monde féroce ! Ceci est une histoire hors normes, inspirée de faits réels, et qui va vous bouleverser.

Le berceau de la foi

Bébé non désiré, direction la DDASS du premier jour de vie à mes neuf mois, un été glacial – suis-je le secret du berceau ?

Je m'appelle Keren, j'ai 34 ans, je suis née au mois de juillet. Je me suis toujours contentée de peu en me disant toujours qu'il y avait pire… Je vis l'enfer depuis mon premier souffle. Je rêve d'entendre que j'étais une enfant désirée.

Chaque jour est un combat. Même avant d'être née, je ne me sentais pas désirée. Et mes parents me l'ont bien fait sentir et surtout me l'ont bien fait payer. Premier jour de ma naissance, direction la DDASS, et cela pendant neuf mois.

Mon père venait me rendre visite chaque lundi. Ma mère ne voulait même pas entrer « juste deux minutes », rien que pour me « voir », voir son petit bébé.

Juste avant de me délaisser paraît-il qu'un photographe est venu dans la chambre de ma maman et a dit :

« Je prends des photos de votre bébé au prix de 500 francs. » Ma maman a répondu :

« Prenez vos photos et prenez ma fille avec. »

Et ça, c'était la blague de SA vie.

À chaque invité qui venait chez moi, elle faisait cette blague et elle s'éclatait de rire, et les invités aussi. La seule qui ne riait pas, c'était moi… car je sentais bien que ce n'était pas seulement « une blague ». À chaque fois que j'entendais cette blague, je ressentais une vague de colère, de haine en moi.

Ma mère avait choisi cette plaisanterie pour faire rire la galerie, et à chaque fois la même bourde. J'avoue qu'à ce moment-là, j'aurais voulu être sourde.

« Keren est un bébé souriant », disaient les assistantes sociales, et ça n'a pas changé d'ailleurs ! Au bout de 9 mois, cette foutue assistante sociale a décidé que mes parents pouvaient me reprendre. Mais à mon avis, ils ont mal fait… Ma vie est devenue à partir de là un réel cauchemar. Un enfer mielleux.

J'ai été biberonnée au piment dès le premier jour de ma naissance. Ma mère ne me nourrissait pas, ne me changeait pas les couches. Je hurlais dans ses oreilles, je pleurais, je sanglotais, mais elle faisait la sourde oreille sous sa couette (détails rapportés dans le dossier de la DDASS). Elle se shootait de médicaments, c'était son addiction pour survivre à sa vie (certainement avec beaucoup d'animosité).

Comme aujourd'hui d'ailleurs, je peux hurler, pleurer de détresse, et personne ne m'entend. C'est vrai qu'on ne peut pas entendre une détresse silencieuse… J'ai failli mourir de manque d'oxygène, et c'est ma tante qui m'a soi-disant sauvée. Je pense qu'elle n'aurait pas dû… Ma tante, la sœur de ma mère, me disait souvent : « Tu devrais me remercier. » Ça me faisait rire. Mais je vais tout de même la remercier, car je suis devenue la femme que je suis aujourd'hui, une femme résiliente et indépendante. Parce qu'avec tout ce vécu phénoménal, j'aurais pu sombrer dans la folie.

Mes chers lecteurs, lectrices, tous ces pseudonymes ne sont pas anodins, je dis ça, je dis rien… lol.

Nous étions la famille Chémouni) (non pas Chimouni) – et nous sommes encore – une famille nombreuse de 8 enfants. Ma maman s'appelle Perle et mon père Matane qui veut dire cadeau. J'avais 3 sœurs, Tova, Ava et Galit. Et 4 frères, Yehiel, Avinou, Akiva et Ethan. Et la petite dernière, « fille à son papa », c'était moi, Rahel Keren. C'est très dangereux d'avoir cette place…

Je suis la dernière de cette fratrie de 8 enfants, non, non, pas la gâtée, comme disent les clichés. Un appartement à Sarcelles, quartier assez modeste, 2e étage, porte marron blindée, tout est jaunâtre, parfois blanc, quelques vieux cadres avec des rabbins. C'est froid, rigide, tout a une place, mais rien n'a de vie. Personne ne se dit bonjour, on passe dans le même couloir sans se parler dans un silence de mort. Je vis dans la terreur, entre insultes, malédictions, cris, violences physiques et cerise sur le gâteau, violences sexuelles.

L'enfer a commencé dès ma naissance. Allez, commençons, direction la DDASS, rejetée dès le premier jour. De bébé à 5 ans, aucun souvenir… mais il est préférable de ne pas savoir. Mon cerveau me protégeait – au moins un qui pensait à moi. Toujours voir le bon côté ! Violences sexuelles à 5 ans, et tout le reste qui suit.

Chaque chambre avait un nom, je n'avais ma place nulle part : à droite, violences psychologiques, à gauche, violences physiques, tout droit, violences sexuelles. Sauf les toilettes, où je pouvais me retrouver un peu seule en me recroquevillant comme un fœtus.

Violence indirecte de mon grand frère qui était tombé malade à cause de tant de violences qu'il n'avait pas su surmonter, le pauvre chéri. Mais il y avait une autre sorte de brutalité très forte, puissante, sournoise. Elle ne faisait pas de bruit, mais par contre, beaucoup de dégâts. C'était cette OMERTA, ce silence qui pesait très lourd.

J'avais 8 ans lorsque j'ai vu et entendu sa première crise de folie qui m'a tellement traumatisée. Je m'en souviens encore aujourd'hui 25 ans après. J'étais en train de dormir, et soudain j'entends des cris fous, des hurlements qui m'arrachent les tripes.

« Jérusalem, Jérusalem ! »

On venait de revenir du mariage de ma grande sœur qui s'était passé en Israël le 31 août il me semble, un mois d'août très chaud. J'étais vêtue d'une jolie robe blanche de demoiselle d'honneur. J'avais une jolie pince perlée sur le côté et des chaussures d'été vertes en daim. J'avais trop honte et peur d'aller aux toilettes. Je me rappelle que j'ai fait pipi sur moi et mes chaussures vertes ont déteint sur moi. J'étais dans l'embarras le plus total, je n'ai rien dit.

Deux jours après, de retour à Sarcelles, un soir qu'il faisait tard, mon grand frère Yehiel a eu une crise. Il a commencé à tout casser (à jeter les chaises, la table, à donner des coups de poing sur le mur).

J'entendais ma chère famille aimante qui disait « il ne faut pas que Keren regarde », mais par contre, la violer… allez-y !

Je regardais la scène sans bouger, tétanisée en me mordant les doigts, en rongeant mes ongles. Je tremblais, j'entendais tout le monde crier de tous les côtés. Ils hurlaient tous : « Stop, je t'en prie ! Stop, arrête ! », sauf moi. J'observais, j'étais sortie de mon corps. C'est d'ailleurs ce que je fais automatiquement pour me sauver la peau de toutes ces violences.

Mon frère avait lui aussi été agressé sexuellement. Il en a été affecté à vie. Il avait la phobie du téléphone, de la porte d'entrée qui se fermait, des sonnettes, peu importe lesquelles (téléphone, interphone, porte d'entrée).

Il pensait que l'on complotait contre lui. Un enfer de plus à partir de 8 ans.

De cette époque, un autre traumatisme s'ajoute : interdiction de téléphoner, de juste TOUCHER le téléphone, que ce soit une minute ou 10 minutes (comme les viols, une fois ou plusieurs fois, les conséquences sont les mêmes).

Regard de tueur, insultes, et parfois des coups, et la maison complètement retournée.

Pour téléphoner, j'allais me cacher dans la salle de bains. Parfois, il me demandait : « Tu es au téléphone ? » et mon cœur s'arrêtait de battre. C'est pourquoi avant de sortir, je cachais mon téléphone dans ma culotte en le mettant sous silencieux, pour qu'il n'entende pas et le voie.

Pour me sentir en sécurité, j'allais à la cave, au sous-sol, avec les souris et les rats dans le noir (super la sécurité, toujours la dérision). J'y allais sans fermer la porte de la maison, sinon il allait l'entendre. Je descendais sans faire de bruit, sur la pointe des pieds, je retenais ma respiration jusqu'à arriver à la cave, et là je passais mes coups de fil. L'angoisse comme dans les films d'horreur.

Dès que je remontais, je le voyais, j'avais peur de lui, de ses réactions, de son regard noir.

Il ne fallait pas broncher, sinon on s'en prenait une, et de nouveau la maison fracassée. Les seules personnes qui pouvaient le calmer étaient les pompiers, la police, l'ambulance. Ils arrivaient par vingt, c'était impressionnant, ils le menottaient devant mes yeux innocents, mais je savais au fond que ce n'était pas lui qu'il fallait menotter (monde d'injustice !). J'avais le cœur broyé de douleur de le voir entouré par 20 personnes, comme si c'était lui le VIOLEUR en série.

Sa souffrance m'était insupportable. Je me doutais qu'elle avait un lien avec ce que je vivais.

Il est tellement gentil, bon, doux, ce frère. Grand frère chéri, je vais me battre pour toi, je ne te laisserai pas tomber. C'est aux monstres de se faire menotter, pas nous.

Il a été hospitalisé dans un hôpital psychiatrique pas loin de chez moi. Je suis allée le voir avec Ethan, le frère qui a juste un an et demi de plus que moi, et un ami de famille qu'on appréciait beaucoup.

Je devais rester dans la voiture, mais je voulais absolument voir comment c'était.

Franchement, encore une autre épreuve traumatisante. Les gens marchaient bizarrement, criaient la bouche tordue, avec de la bave qui en coulait, faisaient des bruits bizarres. Ça faisait extrêmement peur… Mais j'avais perdu mon insouciance depuis longtemps.

Je ne lui en veux plus aujourd'hui. Au contraire, mon cœur est déchiré de le savoir si détruit. C'est TOI mon grand frère qui me donne l'envie de me battre.

Une maman piquante

Des souvenirs par bribes ! Ma mère me réveille à 6 h du matin avec une claque pour que je fasse du ménage. J'avais 8 ans à peine… et peut-être même avant… Mais le cerveau crée l'oubli et heureusement d'ailleurs…

Si j'osais ne pas obéir, avant de sortir de la maison, elle fermait la porte à clef, pour que je n'aille pas à l'école. En fait, je n'avais le choix QUE DE M'EXÉCUTER. Et juste avant de sortir, j'avais droit à des insultes, à des malédictions en arabe à en vomir, comme « Va mourir, reste là-bas, ne reviens pas, je ne t'aime pas, "Ya karba", que le feu t'emporte, etc. » (D'ailleurs, cela aurait été préférable pour ne pas vivre tout ça.) Je reste persuadée que ma maman voulait que je reste à la DDASS, car elle m'a toujours dit : « Je ne voulais pas de toi, fallait rester là-bas », et ce n'est que plusieurs années après que j'ai compris ce qu'elle voulait dire.

À l'école, ma tête était complètement ailleurs, de la peur de rentrer, de ce qui pouvait m'arriver, vers où me diriger lorsque je passerais la porte d'entrée. J'en faisais pipi et caca sur moi tellement j'avais peur. Je gardais toujours mon manteau pour me protéger, qu'il fasse 5° ou 35°. Inconsciemment, j'appelais à l'aide, mais on se moquait de moi pendant les mois d'été… Jusqu'au jour où la directrice m'a envoyé en internat, car elle avait senti que quelque chose n'allait pas.

Je rentrais chez moi à 17 h, la boule au ventre. Je sonnais à l'interphone et ma mère disait : « Pourquoi elle est venue, celle-là ? Qu'elle reparte, on était mieux sans elle ! » Pas désirée, la petite…

Dès que je franchissais la porte, elle me dévisageait d'un air écœuré, et c'était reparti pour un tour : « Cendrillon, va faire la machine, la vaisselle », etc., avec quelques grossièretés pour ne pas changer. Super l'accueil avec le petit goûter. J'étais gâtée ! Mais dès que j'avais fait ce qu'elle voulait, il fallait bien sûr qu'elle critique…

« Tu ne sais pas faire, ce n'est pas comme ça ! La voisine est mieux que toi ! » Parfois, c'était accompagné d'un coup sur la tête et pour bien en rajouter avec son accent Djerbien à en vomir et bien sûr personne ne prenait ma défense !

De l'autre côté, mes grandes sœurs m'attendaient au tournant pour me faire faire les devoirs jusqu'à 3 h du matin, avec insultes, dénigrements… et des pincements à chaque mauvaise note. Pincer au bras ça fait des bleus, juste pour info !

Parfois en m'endormant sur mes cahiers, je ravalais mes larmes. Et lorsque je ne connaissais pas les réponses, j'avais le droit à des coups bien évidemment. Quelle torture, au secours ! Violences psychologiques et physiques… Les garçons eux m'attendaient pour me piéger. Ils étaient en embuscade dans la chambre d'à côté pour me violer…

Ma maman était psychotique à cause de sa vie chaotique, et elle n'avait pas été soignée à temps. Elle était violente rien qu'avec son regard, ses mots, et ses mains. Elle n'a dû se construire que de cette manière… Ses mots, ses malédictions étaient si puissantes, que ça a bloqué mon mazal (ma chance), dans toutes les directions où j'allais. Tout le karma positif était bloqué : réussite dans les études, réussite financière, maladie, mariage… C'est pour ça qu'on doit faire attention aux mots qu'on emploie, encore plus une maman envers son enfant. C'est trop puissant !

Elle était aussi kleptomane. Je vivais donc en cachant le peu que j'avais dans une valise à cadenas, chez moi ! Dans ma chambre, je n'avais pas d'armoire, car elle volait mes habits qui n'étaient même pas à sa taille, le comble, et du maquillage. Ou bien, elle les jetait à la poubelle de l'immeuble, et aussi le peu de sous que je possédais.

Tout était pris sans mon autorisation, sans aucun respect. Je n'existais pas. Est-ce une vie ? Je cachais ma valise. Je ME cachais tellement je me sentais salie. Je cachais mon téléphone. Je me cachais pour parler au téléphone. Aujourd'hui, je me demande comment j'ai pu faire pour survivre à tout ça.

Le bon Dieu m'a envoyé une force, je ne sais pas d'où elle sort. Je ne montrais strictement rien, au contraire…

De temps à autre, ma maman jetait toute la nourriture qu'il y avait au frigidaire. Quand je l'ouvrais, il y avait une tomate, un pot d'harissa, des œufs, du couscous et des médicaments. Rien à manger. L'angoisse, le frigidaire blanc, propre, un creux au ventre, au cœur, et à l'âme. Rien pour me consoler… Occasionnellement, elle cachait des repas sous les lits, des biscuits, des fruits : mais où est-ce qu'on va ?

Tout était dysfonctionnel : la nourriture, cachée sous les lits, le frigo vide, l'armoire vide. Il était bien rempli le shabbat, mais le samedi soir, tous les restes se retrouvaient à la poubelle. Le téléphone, on devait le cacher, on devait parler en cachette sans respirer par moment. Jusqu'à présent, j'ai encore beaucoup de mal avec le téléphone à cause de ça.

L'argent, je ne disposais que de deux, trois, ou dix euros, pas plus, et ce peu, ma maman pouvait me le voler donc je le cachais.

L'argent de ma maman était aussi caché sous l'évier dans une chaussette noire : il y avait des milliers d'euros, 2000 euros, et jamais je n'ai volé même 5 euros. Je refuse de me comporter comme eux. Ensuite, on me disait « Je n'ai pas d'argent, ma fille ! » Les habits, le maquillage, étaient cachés aussi. On n'avait pas le droit de rigoler non plus. Pas de droit aux câlins, à la tendresse ! Une famille étrange, où les pleurs aussi étaient cachés, étouffés.

Mes tantes, cousins et cousines habitaient près de chez nous et le dimanche, ma mère allait souvent chez les Chémouni. De temps en temps, je devais aller la rejoindre ou aller récupérer des gâteaux, de la farine, des courses banales. J'y allais avec effroi, ça ne m'enthousiasmait pas vraiment. Je sonnais et je montais la boule au ventre. Ils étaient toujours tous au salon, sur le canapé en train de rire bêtement (il faut dire qu'ils n'étaient pas super intelligents de nature…). S'il y a une chose qu'ils aimaient faire, c'était humilier. Ma mère m'appelait devant toute la galerie, on aurait dit un cirque. « Ma fille, viens me voir, viens par ici. » Et là, « Regardez, ça a un peu poussé ! Tu as tes règles, ma fille ? Allez, réponds-nous… » et elle se marrait.

Mais qui y avait-il de si drôle ?

On vivait tellement dans l'anxiété, dans la peur, qu'on faisait tous pipi jusqu'à tard, moi jusqu'à l'âge de 8 ans. Et puis j'étais fière de moi parce que j'avais arrêté avant mes frères qui ont continué jusqu'à l'âge de 16 ans.

Une nuit pour te détruire
Une vie pour te reconstruire

Je vis une double trahison, car j'ai enduré toute cette violence, et je paie encore le prix fort pour supporter cela, et par-dessus, personne ne me sauve.

(Il n'y avait pas qu'un seul monstre, mais quatre, comme si un seul n'était pas suffisant pour me détruire.) Je ne savais vers où me diriger. Seule face à toute cette violence. Je traînais des pieds, mais personne ne remarquait rien. Ou bien tout le monde le savait, mais c'est toujours mieux de fermer ses yeux, n'est-ce pas ? Mais Keren pourquoi n'as-tu pas crié, pleuré ? Pourquoi ne t'es-tu pas défendue ? Je vais vous répondre simplement : j'essayais de SURVIVRE comme je pouvais. Mais au fond de moi, je pleurais, je criais : « Sauvez-moi, aidez-moi », en m'étouffant avec mes larmes… C'était insoutenable…

Je n'oublierai jamais ce qui s'est passé, avant, pendant et après…

Je pense qu'il vaudrait mieux « mourir » que de vivre ça. Mais j'ai appris ce qu'est la peur de mourir.

« Avant » d'entrer dans la pièce, j'avais peur, j'étais tétanisée, même si au fond je ne comprenais pas ce qui m'arrivait. Le corps, LUI, le sait, il sent tout.

« Pendant », la douleur me terrassait, je serrais les dents très fort, le plus fort possible, pour ne pas crier (il était interdit de pleurer, de crier).

Et dans ma tête ne résonnait que « Pitié, je t'en prie, pas ce soir, pitié ! » Je faisais semblant de dormir, de fermer les yeux.

J'étais terrorisée de ce cauchemar « véridique ».

Mon corps se paralyse, mon cerveau se bloque. Désormais, on te déglingue, petite Keren.

À partir de ce jour-là, je n'ai plus jamais été Keren, l'insouciante. Ma vie a basculé de l'autre côté, dans le monde des adultes.

La suite sera surprenante…

L’omerta lourde à porter la nuit
Quel est ce silence qui détruit ? C’est l’inceste !

Je dormais dans la chambre des garçons où il y avait un lit superposé et un lit tiroir. J’occupais le lit tiroir, toujours recroquevillée du côté de l’autre lit, et je me disais : « Keren, comporte-toi bien cette nuit ! Ne te mets pas comme ça, on se conduit bien Keren. » Comme si que c’était moi qui le cherchais, et le pire, c’est que je ne sais même pas pourquoi je me disais ça.

Mes nuits en détail et à cœur ouvert…
Tous les soirs, la même nuit

Certains soirs, c'était mon grand frère et mon cousin qui étaient près de moi, plutôt près de mon corps, tout près de mon sexe, vu que c'était ça qui les intéressait. Le cousin donnait les ordres et le frère obéissait. Il lui disait : « Vas-y ! »

Le cousin, lui, rigolait (j'ai encore son rire en tête qui résonne, quel monstre !), il me rentrait son doigt très fort, et à côté le frère me touchait le sexe. Dans ces moments-là, je faisais semblant de fermer les yeux, semblant de dormir, je serrais mes dents très très très très fort, et je remontais dans le lit pour ne pas sentir la douleur.

Peur de crier, de pleurer, ou bien est-ce normal puisque ce sont des personnes de ma chère famille ? La famille ne veut que ton bien, n'est-ce pas. Je pensais que tous les enfants vivaient ça. Petite Keren pétrifiée, personne pour la protéger, son papa a ouvert la porte et a vu sûrement ce qui se passait, mais il a refermé la porte naturellement.

Dans les familles incestueuses, c'est à la limite de « la normalité ». Déjà à 5 ans, 4 hommes avaient abusé de moi : étais-je à vendre ? Avais-je des dettes à payer de leurs anciennes générations ? À ce moment-là, je mourais, j'ai vécu la mort imminente. D'ailleurs, le cousin me disait dans la journée : « Je t'ai fait un petit tour de manège et ce soir… »

Si mes souvenirs sont bons, mon surnom était Crotte. D'autres soirs, c'était un autre frère, seul cette fois-ci. Soit il me disait de faire comme il le souhaitait – il pensait peut-être que j'étais sa petite amie ? – je n'en sais rien. Soit, c'est lui qui me modelait comme il voulait.

« Baisse ta culotte ! » et je m'exécutais. Il positionnait mes deux jambes l'une après l'autre, c'est-à-dire qu'il me les remontait et les écartait, et il essayait à plusieurs reprises de mettre son sexe à l'intérieur du mien.

J'ai encore du mal à l'écrire au bout de 34 ans : je ne veux pas y croire. J'avais mal, j'avais envie de vomir, je sentais quelque chose qui me répugnait. Mais là aussi, je faisais semblant de fermer les yeux. Ils ont peut-être cru que je n'allais jamais me le rappeler, vu que je fermais les yeux ? Mais le corps crie de ce que le cerveau ne peut pas admettre quelques années après.

Lorsqu'il avait fini, soit il me disait « remonte ta culotte » et je le faisais comme une idiote. Et je me sentais salie… ou il me laissait comme ça, dénudée, et le matin avant de me lever, je me remontais la culotte. Je ne comprenais pas ce qui m'arrivait.

Il y avait toute une emprise familiale, une omerta, je me suis sentie coupable et jusqu'à aujourd'hui encore, c'est enkysté. Purée de culpabilité, celle dont je ne me suis pas détachée émotionnellement ! Vous ne pensez pas que je m'en veux déjà assez de ne pas avoir dit « non » ?

J'étais un bébé, je n'avais que 5 ans. Je pensais que c'était une affection naturelle. Leur domination était super forte, super lourde à porter à moi toute seule. C'était très pervers, car c'est exactement ce qu'il désirait. Parfois dans le couloir étroit, un de mes frères cherchait à me frôler pour essayer de toucher mes petits seins qui venaient tout juste de naître, et qu'on avait déjà souillés.

La dernière fois qu'il m'a approché, je me suis sauvée moi-même. Personne ne l'a fait pour moi, hélas. Ce frère était sur moi, il m'a touché les seins comme un illuminé, en me disant : « Ça a poussé ou pas ? » Et là, j'ai réussi à le pousser très fort, et plus jamais il ne s'est approché de moi. Et j'ai eu mes trucs quelques jours plus tard.

Peut-être ai-je été sauvée avant d'avoir un enfant de lui ? Faut voir le bien, Keren, toujours !

L'autre cousin, c'était en journée. Il m'appelait de chez lui, il me disait de venir chez lui, à 5 minutes de chez moi.

Là encore, je le faisais comme si j'étais anesthésiée, sans comprendre ce que je faisais. Tout le monde faisait ce qu'il voulait de moi, et moi j'étais super fragile, vulnérable. Mon cerveau ne réagissait plus : il était colonisé par tous ces méchants. Il fallait absolument qu'un adulte PROTECTEUR s'en occupe, mais eux étaient trop préoccupés à faire le bien autour d'eux. (Ironie !)

Je montais chez lui, un grand appartement beige et marron. Le cousin me disait : « Regarde ce film, on fait la même chose ! » Il me disait d'aller dans la salle de bains en premier et de me déshabiller, et après il me rejoignait.

Et bien sûr comme une idiote, je m'exécutais, je m'allongeais par terre, nue, pauvre petit corps pur, abîmé. Ce corps sort de moi, lui se déshabille, nu sur moi, il essaye de rentrer son truc dans moi.

Il me dit quoi ? « Rhabille-toi et tu sors en premier, comme ça mes sœurs ne nous verront pas sortir ensemble. »

Ses sœurs étaient juste dans la chambre d'à côté.

Ma main à couper qu'elles savaient, mais c'est tellement plus facile de fermer les yeux. Je voudrais ajouter un aparté. Mesdames et messieurs, ne laissez pas jouer vos enfants avec leurs cousins, cousines, copains, copines, seuls dans leur chambre fermée ou pas, dans leurs salles de bain. Cela peut faire de gros dégâts, qu'on le veuille ou pas. Allez voir de temps en temps comment ça se passe, vous pourrez sauver beaucoup d'enfants. N'hésitez pas à dire, à employer les mots qu'il faut à vos enfants pour qu'ils ne soient pas touchés là où il ne faut pas. Même si ce sont des enfants en bas âge, le sexe n'est pas un jeu. C'est un organe précieux qu'on garde pour soi. Ne les laissez pas jouer seuls sans vue extérieure par des adultes responsables.

Ma mère aussi, lorsqu'elle me douchait, me touchait le sexe salement. Je ne voulais jamais que ce soit elle qui me lave, je sentais dans mes tripes que ce n'était pas normal. Le pompon ! Des gestes incestueux, un regard pervers, c'était à la limite si elle n'avait pas un shitane qui sortait d'elle. Dans le couloir aussi, elle essayait de frôler mon derrière pour essayer de le toucher.

Lorsque je passais dans le couloir, et que ma génitrice y passait en même temps, je me collais au mur comme un autocollant, pour qu'elle ne me touche pas. Et si ça arrivait par malheur, je me nettoyais direct, je disais berkkkkk. Il y avait comme un climat incestuel.

Je suis persuadée que du côté de ma génitrice, tous ont vécu l'inceste, car apparemment, ça avait l'air tout à fait naturel. Est-ce du touche pipi ? De l'inceste ? Le monstre était, régulièrement, chez moi à Sarcelles, il ne s'exprimait qu'avec de gros mots et des paroles super vulgaires, à gerber et ma grande sœur Ava lui disait : « Mais qu'est-ce que tu peux être vulgaire, c'est pas possible ! » J'étais juste à côté d'eux (juste des bribes de souvenirs).

On a détruit tellement de choses en moi que je ne retrouverai peut-être jamais… ou dans une seconde vie.

Je ne pouvais aller nulle part, aucune chambre n'était accueillante, aucun membre de cette famille n'était gentil avec cette petite fille salie. Ma mère était effrayante avec moi de 6 h du matin jusqu'au soir, à 20 h, quand elle allait se coucher. Dans cette maison hantée, mon père était absent. J'étais obligée de coopérer, sinon je n'allais peut-être pas être nourrie… mais quoi qu'il arrive, mes frères avaient leur repas, tout prêt bien présenté. Et lorsque je demandais le mien, elle me disait d'un ton agressif : « Va te servir toute seule ! » Je n'allais peut-être pas avoir mes 2 euros…

Parce qu'avec mon père, ça ne dépassait pas 2 euros. Et lorsque j'allais faire ses petites courses, il me réclamait toujours le ticket de caisse pour vérifier si je n'avais rien volé. En revanche s'il restait 50 centimes, il me les donnait avec plaisir : « Tiens ma fille, je t'offre de l'argent. Tu peux acheter ce que tu veux. » J'avais honte. Je ne me rendais compte de rien dans cette maison hantée… TOUT ÉTAIT DE LA NORMALITÉ. Je suis la bien-aimée ou la mal-aimée de cette fratrie ? Une malédiction transgénérationnelle, mémoire d'une odeur karmique.

La seule fois où j'ai demandé à ma maman de l'argent et dit que deux euros, ce n'était pas grand-chose, elle ne m'a donné qu'un euro sept en me disant « Tiens, je n'ai que ça ! » Je me sentais tellement rabaissée.

On dit qu'un enfant, c'est un cadeau du ciel. Moi je dirais que j'étais une mauvaise surprise. Avec ça, ils étaient en train de se faire construire une maison en Israël, ce n'était pas rien.

Je subissais toutes sortes de maltraitance. Je devais faire toutes les corvées de la maison et bien sûr accompagnées de malédictions, parfois de crachats pour bien me montrer que j'étais une crasseuse, écœurante et minable.

Ma vie ne se résumait qu'à ça… à un certain moment ? J'ai pensé que j'allais tomber dans la folie… et la dissociation m'a sauvée.

Ce qui est sûr c'est que ce n'est pas cette famille qui m'a sauvée…

Figurez-vous que j'avais un malaise différent à côté de chaque individu de cette famille, j'explique : je ne pouvais être dans la même pièce qu'eux. Ce que je faisais c'était « le contrôle d'évitement », déjà même à 11 ans, très psychologique, lol. Je contrôlais constamment pour les éviter, disons : quand je faisais la vaisselle dans la cuisine et que mon frère venait manger, ben je m'arrêtais de faire la vaisselle et j'allais dans ma chambre. Lorsque ma grande sœur venait dans la chambre, j'allais au salon pour étendre la machine, et si ma génitrice passait dans le salon j'avais toujours un plan B ou C, j'allais vite dans la salle de bains faire la vaisselle de lait. En gros, je faisais tout pour ne pas rester plus d'une minute dans la même pièce qu'eux sinon je mourrais sur place. Un mal-être différent en permanence près d'eux. Aucune assurance !

Quand j'allais vers cette mère, c'étaient des coups, des insultes, du crachat, du dénigrement… Elle a bouffé mon énergie rien que de cette façon, et avec les violences sexuelles qui se sont ajoutées, je suis MORTE, MORTE À TOUT JAMAIS !

Quand j'allais vers ce père, c'était toutes sortes de culpabilité qui m'envahissait. Ou il était absent, ou il fermait les yeux lorsque ça se passait… tellement plus facile.

Mes grandes sœurs, c'étaient les coups pour mes devoirs.

Tantôt, mon papa et ma maman se tapaient l'un contre l'autre devant mes petits yeux innocents, et d'autres fois ils se tapaient sur eux-mêmes sur leur poitrine en poussant des cris terribles. Ça m'a bien heurté.

Ma dissociation était au niveau 10. Je ne vivais que comme ça, pour survivre. J'allais vers mon seul grand frère que j'aimais tant… c'était mon seul repère. Quand qu'il n'était pas là près de moi à la maison, je me sentais perdue. Je pouvais rester des heures à côté de lui, à le regarder. J'étais bien, apaisée.

Sinon le dimanche, le seul jour où je me lavais… ou que ma mère me lavait, et MAL. Ma chère mère fait partie des personnes qui ont abusé de moi, et ça se passait dans la douche. Je me consolais avec l'odeur du gel douche qui sentait bon pour oublier dans quel arôme je vivais. C'était aussi le jour où je pouvais un peu sortir, mes amies me demandaient toujours si je voulais aller en sortie avec leur famille, mais je disais toujours NON. J'étais incapable de m'amuser. Encore aujourd'hui… mon corps est comme anesthésié.

Ça me dérange… c'est étrange comme sensation lorsqu'on me le demande.

Moi m'amuser ? Mais ça veut dire quoi ? Donc je ne jouais jamais… sauf pour les jeux de ces monstres. Pas une peluche, pas une poupée, pas un seul jouet. Un vendredi avant shabbat, je suis allée faire les courses avec mon père au grand Auchan. Le caddie de mon papa, c'était le même toutes les semaines, pâtes, de riz, sauce tomate concentrée, œufs, bouteilles d'eau, javel, huile de tournesol. Les aliments basiques quoi ! J'espérais qu'une fois dans sa vie, il allait me gâter avec un seul jouet, une seule poupée. Arrivée là-bas, j'allais au rayon des Barbie, je les observais, je rêvais sur place, je les touchais, et puis j'en choisis une, je l'ai prise et suis aller rejoindre mon père à la caisse avec la joie, et l'appréhension de sa réaction. Et mon papa m'a dit : « Va reposer ça, tu ne reviendras plus jamais avec moi faire les courses. » Je suis allée reposer cette petite poupée, toute malheureuse, tristounette.

Shabbat arrive à toute vitesse, toute la famille se prépare sans se parler, sans un rire, sans sourire, sans enthousiasme.

Je me lavais aussi le vendredi, et de suite après l'allumage des bougies de shabbat, j'allais dormir, enfin pour de semblant. Ma grande sœur mettait la table, ma mère préparait les salades cuites dans leurs petits bols avec des pleurs parfois, avec des malédictions, des cris que tout l'immeuble pouvait entendre. Oh quel merveilleux shabbat en famille, autour de la table avec le bon couscous de ma génitrice, la bonne Pkeila, chacun se taquinait avec dérision. Mon petit papounet m'épluchait de grosses mandarines. C'est la seule demande qu'il exécutait gracieusement, trop serviable ! Puis je débarrassais avec ma sœur, les garçons sont rois !

Tout cela m'était tellement insupportable que je ne m'attablais plus avec eux. Inconcevable !

Pratiquement tous les dimanches, mon géniteur s'occupait de monter des meubles, ma mère dormait, ou criait, ou faisait des histoires. Les sœurs préparaient leurs devoirs, et moi qui faisais mine d'avoir faim chaque deux heures, et je me confectionnais plusieurs goûters pour ne pas rester dans la même chambre qu'elles. Elles étaient méchantes et me massacraient de coups pour me faire faire les devoirs.

Tout compte fait avec les coups, on n'apprend rien, le cerveau se bloque. Plus rien ne rentrait. Je restais aussi souvent aux toilettes sans rien faire, recroquevillée. Tout était contrôlé pour que je ne me fasse pas incendier, mais rien n'y faisait. On me détruisait quand même. Si ce n'était pas un, c'était l'autre. Pas de chance ma pauvre… Par contre le soir, quand je ne pouvais vraiment plus m'absenter, j'étais entourée de mes sœurs en train de faire leurs devoirs, avec des attaques, des insultes. Je réprimais mes pleurs, mon menton tremblait.

Je leur disais : « J'ai tout compris, ça y est. » Mais ce n'était « pas vrai », c'était juste pour qu'elles me lâchent, et que mon cerveau souffle. J'étais dans le coin de ma chambre, dans le creux, et je me cachais derrière mes livres pour faire couler deux ou trois larmes sans bruit, sans déranger. Mes yeux clignaient discrètement, ma gorge était nouée.

Si j'avais le malheur de pleurer plus fort, j'avais encore des insultes : « Mais tu es bête, tu es tebé, conne va ! » et un pincement, et avec quelle violence ! C'était comme ça tout le temps, jusqu'à ce qu'elles s'allongent confortablement dans leur lit, et moi toute petite sur le bureau noir, jusqu'au moment où elles se décidaient à me dire : « Tu peux y aller, c'est bon ! »

En fait, je peux aller où ? Je n'avais nulle part où aller, j'allais en rampant dans la chambre des garçons pour aller me faire violer… Peut-être qu'ils m'attendaient ?

Je ne sais pas…

Début de semaine

Les lundis après-midi, mon papa me prenait des fois chez Tati à Barbès où il m'achetait mes chaussures. Là-bas, il me disait « Aahhhh, voilà les plus belles chaussures, ma fille ». Je les mettais, mais il ne me demandait jamais si elles m'allaient ou pas.

Très souvent, il s'avérait qu'elles étaient trop petites et serrées et c'était terrible, terrible de devoir mettre tout le temps ces chaussures dans lesquelles j'étais si engoncée. Mais bien entendu, je ne pouvais pas me plaindre ni dire que j'avais mal. C'était interdit et je les portais sans dire un mot pendant longtemps. C'est très pénible d'avancer avec des chaussures serrées, mais je le faisais quand même, tout comme cette vie laborieuse, je marchais, j'avançais malgré tout…

C'est naturellement pour ça que je n'ai toujours pas trouvé chaussure à mon pied aujourd'hui… Mais ce n'est pas grave, Keren, avance bien dans la vie…

Le lundi, après les cours, notre classe allait à la bibliothèque. Je ne me dirigeais pas vers les bandes dessinées (je n'avais que 11 ans), je ne connaissais pas ça, me distraire, me créer un monde de Bisounours. J'avais passé le cap, ça y est…

Direction côté « psychologie », j'y allais discrètement, en cachette. J'avais peur et honte qu'on remarque quelque chose d'anormal.

En journée, c'était la phobie de l'école ! Ensuite chez moi à 17 h, c'est ma mère qui m'insultait, me frappait pour que je fasse le ménage, et juste après il y avait les devoirs dans la terreur… et pour finir en beauté, j'allais dans la foutue chambre des garçons. Et rebelote tous les jours pendant des années.

Comment voulez-vous que je me concentre en cours ? Je n'écoutais strictement rien, ma tête était ailleurs, la peur, l'angoisse. Aucun répit psychique, je suis punie ! Des professeurs remarquent que je ne suis pas comme les autres et viennent me parler, me demandent comment je vais. Mais aucun mot ne sort…

Parfois, un psychologue venait à l'école : j'étais convoquée, mais je ne parlais pas.

À la récréation, je n'avais jamais de goûter. C'étaient des amies de classe qui m'en donnaient. Sinon un paquet de Bisslis torsadés, que je mangeais lentement, coupés en mille pour profiter de ce petit bonheur…

À l'école primaire, j'avais énormément de poux, et une fois la maîtresse m'avait fait honte devant toute la classe : « Lève-toi ! Tu as des poux, tu ne viens pas tant que tu n'as pas tout enlevé. »

Mon Dieu, comment peut-on faire ça à une élève ? Il faut être sans-cœur ? Le lendemain, je ne vais pas à l'école. Je prépare tout ce qu'il faut pour enlever tous les poux et lentes : huile d'olive, vinaigre, peigne fin. Et je fais ça toute « seule devant le miroir », j'enlève les lentes une par une. Les odeurs me chavirent le cœur… mais je le fais quand même, sinon je n'allais pas être acceptée.

Et il vaut mieux aller à l'école que rester à la maison, n'est-ce pas ? Le lendemain, j'étais très fière, car la maîtresse m'a félicité devant toute la classe : « Waouh ! Keren comment tu as fait, tu n'as plus rien ? » Quelle fierté, encore plus que si j'avais reçu une bonne note.

D'angoisse, il pouvait m'arriver de faire caca sur moi. Dans le car de ramassage scolaire, les enfants criaient : « Oh, mais ça pue la merde ! » J'étais tellement triste et j'avais si mal que personne ne s'occupe de moi. Même lorsque j'étais malade (otite, grippe, gastro, etc.) je restais au lit, ma mère me donnait les médicaments et hop au lit ni vu ni connu et me laissait seule à la maison pour aller au marché. Ce n'était pas grave si j'avais mal… Je voulais juste une tisane, des lasagnes, quelque chose bien chaud pour réchauffer mon petit corps d'enfant. J'avais même peur d'aller aux toilettes chez moi à la maison de peur des critiques « encore ».

Arrivée en bas de chez moi à 17 h, je marchais lentement sur les feuilles d'automne orangées… Un petit bonheur de la nature pour un cœur déchiré. J'appréciais ce moment en contact avec la nature.

J'avais en même temps la frousse de « seulement » sonner à la porte, d'entendre la voix aigre de ma mère qui me maudissait derrière l'interphone. J'avais honte parfois quand une voisine à côté l'entendait. Dans l'ascenseur, mon cœur battait à 10 000 milles à l'heure.

Mon papa regardait tous les soirs les infos avec concentration. C'était PPDA. Il était très pointilleux pour être à l'heure pour les infos. Si mes souvenirs sont bons, je passais dans le salon avec mon peignoir vert long à fleurs, celui que ma mère avait jeté par amour pour moi. Il y avait un petit quelque chose qui me déglinguait, c'était son « Chkeut, j'écoute les infos ». Il absorbait ces images avec concentration et si quelqu'un avait le malheur de le déranger, il disait « Euchkeute ! » avec son doigt sur la bouche. Dans un coin de la tête, je me disais « Pfff, arrête ton cinéma, un jour c'est vous qui allez passer à la télé ». Je me rappelle encore où j'étais lorsque je m'étais dit ça.

Et puis je ne comprenais pas qu'un être normalement doté de sensibilité ne pleure pas pendant les informations. Ça va, j'ai rien dit ! ;) Et aujourd'hui même en 2023, PPDA est poursuivi pour viol… Qu'avait pu sentir mon père chez ce monsieur de si noble ? On s'interroge… La loi médiatique consiste à tempérer, à CACHER, à NOYER, et à effacer l'information.

Classe de CM2

Dès que j'entrais, ma mère me dévisageait, comme si j'étais une saleté écœurante, et me disait : « Va faire une machine et la vaisselle » avec un mépris inimaginable et des yeux de tueuse. Je le faisais pour ne pas être encore insultée ou frappée. J'étais tout le temps cachée derrière un long peignoir vert pomme en velours, avec des fleurs dessus pour dissimuler ce corps impur. Ma mère me l'avait jeté pour me faire du mal. Elle ne m'aimait pas, c'est sûr.

Dans cette maison, il n'y avait pas de : « Bonjour, tu as bien dormi ? » C'était plutôt « lève-toi ! Va faire une machine » avec des insultes, pour ne pas oublier évidemment. Pas de câlins, pas de tendresse, pas de mots gentils, pas de compliments, pas d'encouragements. À la place, j'étais maudite, rabaissée, frappée et violée…

À cet âge insouciant, on ne devrait penser à rien ou du moins à la légèreté. Mais j'ai vécu cette époque dans l'anxiété à en avoir mal au ventre, peur. Je ressentais également beaucoup de honte à cause de l'irresponsabilité de mes parents.

Je me souviens des trajets en car vers l'école. À 8 h du matin, je grimpais dans ce vieux car de couleur bleue et le chauffeur me demandait à chaque fois : « As-tu ramené l'argent ? »

J'avais si honte, mais je reportais fidèlement ce que mon père m'avait dit de lui dire, car je ne voulais pas trahir mon papa si droit et honnête. Après tout, le lien père-fille est un lien sacré, n'est-ce pas ?

« Demain matin, il m'a dit de vous dire, ou alors à la fin du mois ou bien au début du mois » et je répétais ça jusqu'à ce que le mois se finisse. Aucune dignité, et sans aucune culpabilité.

Puis à 17 h en rentrant de l'école, je disais à mon père.

« Papa, le chauffeur veut son argent ! », mais il ripostait « Allez, c'est bon, va, va » d'un air prétentieux. Et je restais là, au milieu. Je ne savais pas que j'avais autant de dettes karmiques, quelle vie sarcastique…

Puis le matin rebelote : « Papa, je leur dis quoi ? », j'étais tellement gênée que je baissais la tête, toute courbée comme si je portais sur mon dos toutes les misères du monde.

« As-tu ramené l'argent ? »

Le lien père-fille, c'est sacré n'est-ce pas ?

Je rapportais comme un perroquet et tous les matins ce refrain « Tu leur diras à la fin du mois », « Tu leur diras début du mois », « Tu lui dis que lundi matin j'ai ma paie », jusqu'à ce que le chauffeur de car y renonce.

Puis, le matin rebelote : « Papa je leur dis quoi ? »

En classe, ce n'était pas mieux. Chacun avait ses cahiers, ces livres scolaires. Mon père me disait à chaque rentrée : « Tes livres coûtent cher, on ne va pas tout acheter. Tu prends celui de ta copine. » Et de nouveau l'angoisse quand je rentrais en classe.

« Keren, tu as tes livres ? » « Non pas encore, mon papa m'a dit la semaine prochaine » et tous les jours la même chanson jusqu'à ce que les professeurs renoncent aussi…

« Tes livres coûtent cher, on ne va pas tout acheter, tu prends celui de ta copine. »

Et mon père, lui, était tout content, ça le faisait économiser le car, les livres et d'autres… J'en passe. Pendant que moi je ressentais l'humiliation dans les tripes… Comment pouvais-je bien travailler dans ces conditions ? J'avais des palpitations à gogo, je sentais que je dérangeais, que je n'étais pas à ma place à l'école. Mais ma place était nulle part d'ailleurs. Ni dehors, ni chez moi, ni chez les autres. Depuis toute petite, je ne trouvais ma place nulle part, comme si ce monde n'était pas fait pour moi.

Maintenant encore, j'aimerais juste ressentir ce que c'est d'être à sa place, et goûter à l'insouciance.

Faites-le-moi vivre, je vous en prie.

La peur de dire NON

J'ai le souvenir d'une fois où j'ai eu le malheur de dire non à ma chère mère qui voulait que je lui donne l'huile qui se trouvait à ses pieds, alors que j'étais dans ma chambre. C'était seulement pour m'importuner… J'avais dit : « Non, prends-le-toi ! » Malheureux jour où j'ai dit non la première fois. Elle m'a donné un coup sur la tête, je me suis défendue, et j'ai jeté un bol par terre, en disant : « Je t'emmerde ! »

Ce fut ma fête. Elle a couru derrière moi autour de la table du salon jusqu'à ce qu'elle me rattrape et elle m'a frappé avec une ceinture au niveau du cou. Je l'ai repoussé tellement fort qu'elle est tombée au sol sur la tête.

Là, j'ai cru mourir de peur. La ceinture avait laissé une trace au niveau du cou. Une voisine a sonné à la porte, et j'ai mis une couverture autour de moi pour faire semblant que j'avais froid.

Puis ma grande sœur est arrivée, ma mère lui a raconté, et bien entendu, ma sœur m'en a mis une comme jamais : ma tête s'est retrouvée de l'autre côté. Je me suis enfermée dans la salle de bain quelques minutes, et juste après je suis sortie dans l'immeuble en pyjama, et je suis montée me cacher au troisième étage.

J'entends l'interphone : mon père revenait du travail. Ma mère lui crie très fort : « Va la tuer, va la frapper, elle m'a fait tomber ! » Je pensais que mon père allait me défendre, encore à espérer…

Eh bien, non ! Seule contre eux tous, je rentre à la maison, et les deux m'ont frappée. Tout ça parce que j'avais osé dire « NON », pour de l'huile. Petite fille abandonnée qui voulait simplement qu'on la prenne dans les bras et qu'on lui dise : c'est fini, ce n'est pas grand-chose…

J'obéissais à toutes les demandes, car j'avais peur de refuser, sinon j'avais le droit à une torgnole. Je suis encore programmée ainsi après 30 ans… la peur de dire non, mais ça se déprogramme gentiment. Une peur bleue de dire NON, et d'ailleurs je n'avais pas le DROIT de dire non.

Je me souviens d'un autre jour où j'avais osé dire non. J'ai dû le dire trois fois dans ce cocon familial, disons que ça a suffi pour la suite…

J'étais occupée à repasser avec de la musique en fond sonore, mon neveu d'un an et demi jouait dans la chambre, la porte était fermée, mais mon grand frère m'avait dit :

— Tu peux baisser la musique ?

La musique n'était même pas forte, alors je m'étais opposée à cela :

— Non, je ne baisserai pas la musique. Ferme ta porte, tu n'entendras rien.

Mes deux grandes sœurs chéries étaient dans la cuisine. Mon grand frère s'est mis dans une colère noire :

— Va te faire foutre. Il s'est faufilé en douce dans la chambre, a fermé la porte-derrière et m'a jeté sur mon lit. Et puis il m'a tué de coups, et devant mon petit neveu, quelle tristesse…

J'essayais de me débattre comme un garçon manqué, je m'en rappelle comme si c'était hier. Je hurlais, mais avec la musique et mes sœurs qui papotaient dans l'autre pièce, personne n'a rien entendu. Ou alors elles ont fait semblant de ne pas m'entendre, c'est différent…

Je me suis relevée, j'ai pris mon neveu et je l'ai mis dans la poussette. Je n'avais pas pleuré, je retenais mes larmes, j'avais la gorge nouée et je suis sortie promener mon neveu en bas dans mon quartier, autour des collines. Une échappatoire.

Ce fameux « non » que la chère famille adorait tant… « Heureux et libre est celui qui ose dire non. » La grande blague de l'année…

Je me demande encore comment j'ai pu tenir dans toute cette misère.

J'ai commencé à faire toutes mes prières, la Tefila. Je faisais la prière tous les jours, matin, après-midi et soir. Je ne manquais rien, aucune prière. Ce matin-là, je ne l'oublierai jamais de ma vie. Je faisais la Amida qui est une prière qui se fait debout. Mon cœur battait à dix mille à l'heure, car j'entendais ma mère dans l'ascenseur qui revenait du marché (son rituel le mardi, vendredi et dimanche). Je priais, je pleurais en serrant fort mon livre de prières. Je t'en supplie Hashem, faites qu'elle ne me tape pas. Je priais de tout mon être, j'avais peur. Et puis elle est entrée dans ma chambre et elle m'a donné un coup sur la tête. Il était resté un cheveu dans l'évier et elle détestait ça. Alors j'ai pris mon Siddour, je l'ai jeté par terre avec toute ma force en criant intérieurement (car je n'aurais évidemment pas pu crier en vrai) « Pourquoi Hashem ? Je pensais que tu me protégerais des coups avec mes prières ! » Je ne comprenais pas. Pourquoi ?

Ma mère allait régulièrement au marché le mardi, le jeudi et le dimanche matin. Elle m'avait acheté un manteau vert clair à capuche avec fourrure, je ne l'aimais pas du tout. Un matin avant de sortir de la maison, j'avais mis mon ancien manteau, et dessus le vert clair. Dans l'ascenseur, j'avais fait le changement. Ma mère l'a remarqué – elle m'avait espionné par la fenêtre – et elle m'a dit : « Ce soir, tu montes, je te tue de coups. »

À l'école, vous pouvez imaginer dans quelle torture psychologique je me trouvais. J'arrive à la maison à 17 h, elle me dit « gentiment » : « Va dans la chambre », pour que personne ne s'aperçoive qu'elle allait me rouer de coups.

J'entre, elle me jette sur le lit, elle monte sur moi, elle me tue de coups, elle me griffe aussi.

Il faisait nuit, je suis descendue en bas de chez moi en pleurs, je me suis assise sur le banc en pierre. Je reste dans le froid, je préfère le froid plutôt que d'être chez moi. C'est pour ça que je dis souvent : « LE FROID ME RÉCHAUFFE ! » L'humour fait moins mal.

Parfois, je voulais m'apaiser avec deux euros et m'acheter un paquet de bonbons, mais mon père arrivait à me dire non, sans culpabilité, sans scrupule envers sa petite dernière qui ne demandait que deux petites pièces.

Était-ce beaucoup ? Quand il me disait non, je me sentais encore plus seule, rejetée à nouveau, dénudée d'une autre manière. Je me sentais pauvre, comme une pauvre fille, et je repartais dans ma chambre avec une tristesse infinie… une tristesse sans fin. Bon, j'ai bien appris ce qu'est la frustration disons, superbe éducation…

Mais bon D. ieu, comment ai-je pu tenir dans toute cette misère ?

On imagine qu'il n'y a que les coups qui peuvent détruire. Mais lorsque ma maman m'insultait, me maudissait, me disait :

« Va mourir, Ya Karba, les autres filles du quartier sont mieux que toi, etc. » Cela ne s'arrêtait pas. Elle m'attaquait juste avec des mots, mais cela était terriblement destructeur. J'avais 12, 13 ans et que cela m'arrivait, il y avait une scène qui se jouait dans mon petit cerveau d'enfant. Je me voyais avec un revolver dans ma main en train de lui tirer dessus. Et je la voyais claquée par terre me dire « Ouf ça y est, c'est fini, Keren ». Tellement les mots qu'elle utilisait étaient comme des coups de poignard.

Vous vous rendez compte de ce que les mots peuvent engendrer chez une personne et dans son âme ? Comment à mon si jeune âge, je m'imaginais déjà tuer ma propre mère ? Ses mots étaient comme du piment, du venin, qui résonne d'ailleurs encore aujourd'hui à l'intérieur de mon âme. Et lorsqu'elle me dévisageait avec mépris, avec dégoût, lorsqu'elle me crachait dessus, qu'elle ricanait sur moi, j'avais ce désir de la faire taire à vie. Les coups tuent le corps.

Mais sachez que les mots détruisent l'âme. Et l'inceste tue le corps et l'âme.

Faire face aux troubles du comportement alimentaire

À 11 ans, j'ai arrêté de me nourrir, un autre enfer commençait. L'enfer des TCA. J'ai arrêté de me nourrir. Ça s'est fait comme inconsciemment, je n'avais plus envie de manger. J'avais peur de grossir, peur de prendre trop de place, peur de déranger. Ma vie avait un goût si amer. Ma directrice d'école me voyait mal dans ma peau, renfermée en moi-même, ne mangeant plus au repas. Il faut dire qu'à la cantine je me nourrissais uniquement de pain avec de la sauce tomate. Comme je ne réussissais pas mes études, elle m'a forcé à aller en internat. C'était très dur de changer d'école, d'environnement, de tout recommencer, de tout analyser, de tout contrôler. J'y ai été de force, mais je la remercie pour cela aujourd'hui.

De temps à autre, elle répliquait des phrases assassines comme « elle cherche à se faire remarquer », « tout est pour le bien », « tu as réfléchi quelle a été la cause de tout ça ? »

« Je ne savais pas que nous vivions dans un exil pareil », etc., bref, s'efforcer de prendre le bon pas vrai ? – changement d'école, et je suis partie de chez moi.

Il y a cette « hypervigilance » qui me suit partout et qui m'handicape encore aujourd'hui. Mais je pense que ça m'a sauvé malgré tout… TOUJOURS VOIR LE BON côté DES CHOSES…

Je désirais tellement ne pas partir définitivement de mon école et parallèlement je voulais autant me mettre en danger (les deux complètement à l'opposé, mais qui se complètent) le Chabbat après-midi pendant que toute la chère famille faisait la sieste, je marchais de « sarcelles à Aubervilliers » toute seule 1 h 45, 2 h de promenade, j'admets par moment que les petites ruelles faisaient battre mon cœur de peur – comme sous les ponts avec les alcooliques – les voyous qui fument du shite – ou bien quand c'était carrément vide de monde, pas un chat. J'avançais tétanisée, dissociée comme si je me dédoublais, je serrais mes poings fort quand j'avais peur, je l'ai fait 3 Chabbat de suite, arrivée à l'école j'étais toute fière et en même temps j'étais comme soulagée d'être enfin arrivée.

5e et 4e à l'école de filles avec internat à YERRES

Mon papounet m'a déposée à l'école d'Yerres, nous avons eu rendez-vous dans le bureau du directeur tous les trois, et mon cher papa a dit « j'amène ma fille à l'internat, car elle fait trop de ménages » – Non, papa, dis la vérité voyons ! – « on lui fait trop de manèges, oui ? » Il m'a déposée et il n'a plus jamais remis les pieds dans cette école pendant les 6 ans ou j'étais là-bas. Au début, je n'ai parlé à personne pendant 3 mois, le temps de m'adapter, d'observer, je faisais attention à tout ce qui se passait autour de moi, je devais tout analyser, ça m'épuisait psychologiquement de tout surveiller. Je gardais encore mon manteau, une façon de me protéger, de faire disparaître ces saletés.

Je n'allais pas faire mes besoins normalement tellement j'avais honte d'aller aux toilettes et qu'on perçoive quelque chose. Alors j'allais à 3 h du matin par la porte de secours, j'en avais mal au ventre, j'étais frigorifiée, j'avais peur aussi la nuit. Lorsque j'étais indisposée, j'avais des envies de mourir. Personne ne m'a rien expliqué, j'ai deviné sur le tas. Mais qu'est-ce que j'en ai souffert… Mes sous-vêtements n'étaient pas à ma taille, ou bien usés, tout comme moi.

J'étais vouée à moi-même, encore. Je ne mangeais pas aux repas, entourée des copines de classe, je me sentais différente des autres, ça me faisait tellement souffrir. Toutes les élèves parlaient d'études, de notes, de contrôles, de sœurs qui s'aiment, de parents bienveillants, et elles mangeaient normalement… alors moi à côté de ça, j'étais anormalement composée, je le sentais bien dans mes tripes, mais je ne montrais rien.

Arrivée dans ma chambre, je mettais la musique à fond pour m'évader de ce monde si dur et si cruel avec moi. Et j'attendais le soir avec impatience pour pouvoir pleurer les larmes de mon corps, mais « en silence » pour ne pas réveiller les copines. Toujours penser au bien-être des autres avant moi. Le lendemain, les yeux tout gonflés, personne ne remarquait rien. Je faisais beaucoup de blagues, beaucoup d'autodérision pour ne pas que quelqu'un se doute… Arrivée devant la porte de classe d'entrée, mon cœur bat mille à l'heure… je pense que j'ai la phobie de l'école. Avant de rentrer en cours, je me disais : « Keren, tu es nulle, tu es conne, tu n'as rien à faire ici, idiote que tu es, tu ne sais pas étudier », etc. Toutes ces phrases qu'on m'a entrées dans la tête et qui ne sont jamais sorties de ma tête d'ailleurs après 34 ans.

On m'a vraiment bousillé mon cerveau. J'en veux à la terre entière par moment, que personne ne m'ait protégée et encore maintenant. Les professeurs me rabaissaient, prenant un malin plaisir à me taquiner par rapport aux autres élèves, car j'étais nulle. Pour moi, c'est de la violence psychologique institutionnelle. Quand on naît dans la violence, quand on le vit depuis toujours, on peut tomber dans le même schéma inconsciemment. Je l'ai vécu à la maison, mais aussi après entre copines avec beaucoup de manipulations perverses.

Certaines personnes subissent du harcèlement scolaire parce qu'elles sont en surpoids, pauvres ou peu populaires par exemple. Je l'ai vécu parce que j'étais un cancre.

Voici des exemples de phrases assassines que j'ai pu entendre en classe :

« On ne va pas te donner la feuille de contrôle, hein ? Vu que tu nous la redonnes vide à chaque fois. Haha, ça faisait marrer la galerie… Super drôle, c'est vrai. »

« Tu es le fruit pourri de la classe. »

« Tu es vraiment suicidaire comme fille ! comme disait Reouven Feuerstein : chers professeurs, si vous n'êtes pas prêts à révéler la force de vos élèves, ne touchez pas à ses faiblesses. »

Après des violences institutionnelles, ce n'était pas fini, il fallait bien qu'elle souffre encore cette petite. Il y a encore eu des violences psychologiques à l'hôpital, et à la suite de mon mariage, de la violence verbale et économique. Et encore pour bien finir sur les violences, du harcèlement moral dans ma résidence. Je n'ai créé aucune histoire, « ce sont les histoires qui venaient à moi », car j'étais trop gentille, vulnérable, sans défense. Orpheline. Il y a un côté positif à toute cette vulnérabilité : je fais ressortir le Satan chez les personnes mauvaises que je croise. J'ai ça pour me repérer, c'est pas mal, non ? Comme un pouvoir magique, lol, toujours voir le bien, Keren…

À l'école, même les élèves parfois se moquaient de moi, car je m'autocritiquais alors, elles en profitaient aussi pour avoir un peu d'ambiance. J'étais souvent dehors dans les escaliers ou dans la cour, ou alors je faisais l'idiote en cours pour ne pas montrer que je souffrais. Lors des sorties d'école comme restaurants, week-ends entre copines, voyages, etc., je n'y allais jamais, car mon père ne me laissait qu'avec un euro en me disant « tu as un lit, tu as de quoi manger, ce n'est pas la peine de plus » en me rajoutant « viens, je te parle ma fille, tu sais que j'ai beaucoup de crédits et beaucoup de problèmes » pour bien me culpabiliser de lui avoir demandé seulement un seul euro. Je n'avais que neuf ans, dix ans, quatorze ans, seize ans. Et toute la famille savait que j'étais une fille très compréhensive et sans histoire, donc je ne disais rien encore. Et en profitaient bien. Il ne faut pas se demander pourquoi j'ai gerbé autant d'années.

Donc je mentais aux filles pour ne pas dire que je n'avais pas d'argent, « je me sens mal, j'ai mal au ventre, etc. », et quand tout l'internat allait en sortie, j'allais pleurer sur mon lit. Je voulais tester une technique pour que mon papa soit dans l'embarras et m'offre un peu de sous, le dimanche matin j'organisais une petite sortie : le marché de Sarcelles et après direction restaurant chinois or avant d'y aller, je m'arrêtais à la boucherie de mon père « papa tu me donnes 20 euros s'il te plaît ? On va sortir entre filles » il a les nerfs qui montent, il voit mes copines, il est mal (mais pas tant que ça, lol) et il me balance « je n'ai pas sur moi, va-t'en ! ». Je pleure intérieurement, car ma technique n'a pas fonctionné, je lui répète donc « s'il te plaît, donne-moi » – j'ai honte de moi – il me dit « je n'ai que dix euros, allez, va ! » lahchouma pour moi et actuellement il a une maison en Israël. Il a sûrement conscience que l'argent ne rachète pas la jeunesse, n'est-ce pas, papa ?

Voir le bien, Keren, toujours…

Et un beau jour, le directeur d'école m'a vue sur les escaliers, il m'a dit : « Ça va le moral ? Si tu as besoin de parler, viens dans mon bureau. » Et depuis je m'étais sentie en confiance et j'étais allé le voir dans son bureau. Je me suis assise et j'ai directement entamé de cette manière « on m'a fait du mal » sans émotion, sans pleurs, comme si c'était quelqu'un d'autre qui racontait, il avait de suite compris et m'a répondu : « j'appelle de suite la police. » J'avais hurlé de peur « non, non je vous en supplie » et il a reposé le téléphone.

J'allais souvent dans son bureau, il était toujours très patient, à l'écoute. Je le considérais comme mon père, enfin le père que je n'avais pas eu. Je l'appelais souvent, je lui envoyais 20 SMS par jour. Quand j'ai été hospitalisée, il est même venu me voir mais un jour tout a basculé.

Il est arrivé que des camarades de classe perdent un de leurs parents. Tout le monde s'occupait très gentiment des filles orphelines.

Mais là, c'était moi qui « mourrais » en silence, devant eux et on s'en fichait. J'appelais au secours, regardez-moi, moi aussi je souffre, je suis en train de mourir moi aussi, je suis orpheline, mais ne voyez-vous rien ? Je n'avais pas le droit de me plaindre, car j'avais toujours une mère et un père n'est-ce pas ?

Quand je recevais le bulletin de chaque trimestre, le directeur me disait quel jour il avait été envoyé pour que j'aille le récupérer sans être frappée, j'allais le chercher le jour J et je le cachais sous mon pull avec la tremblote, et en même temps je sentais le soulagement de l'avoir moi-même. Ou bien il ne l'envoyait pas et me le donnait en main propre, tellement j'avais peur de ma chère famille si câline.

Le shabbat chez nous c'était règlement de comptes, blagues méchantes et narquoises, moqueries, etc.

Je me souviens que ma sœur prenait plaisir de dire en se moquant « alors Keren où est ton bulletin ? Tu l'as caché ? » d'un ton de sorcière devant toute la famille (je devrais plus nommer la FAMILLE) inévitablement je trouverai un autre nom.

On me déclarait fort d'un ton sarcastique « Keren, tu as été adoptée, toi, hahaha » « non, je blague, tu es allée à la DDASS et ils rigolaient ! » – trop drôle, venez, on rigole ensemble ?

Je tremblais, j'avais peur, je ne vivais que dans la peur et le désarroi.

J'appréhendais beaucoup le shabbat… j'avais tout le mix des violences en même temps sans savoir vers qui me diriger pour qu'on m'apaise…

Dans la même table, il y avait ma mère qui était là avec dégoût lorsqu'elle me regardait ou me parlait, ce père absent qui me disait

« chut, tais-toi » lorsque j'essayais de me défendre quand les frères sœurs me taquinaient méchamment. Je n'avais pas le droit non plus de me défendre. Aujourd'hui, j'ai encore de grosses séquelles dues à cette non-défense. Lorsqu'on me parlait à tort, mon père disait que c'était à moi de me taire et de changer d'endroit pour ne pas les chercher. Trop triste, trop dur d'être rejetée à ce point…

Il y avait aussi mon grand frère qui était malade et qui faisait des crises de folie de violences à table de shabbat, mes sœurs et frères qui se moquaient de mon corps ou de mes notes, les frères qui me faisaient du mal. C'est entouré de tous ces sans-cœurs que j'ai survécu. C'était dangereux pour mon cœur, quel goût âcre, mais je n'ai pas eu le choix.

Je rentrais une semaine sur deux passer le week-end à Sarcelles, chez moi.

Le samedi midi, il y avait souvent des amis à Ethan qui venaient faire la prière du Shabbat chez nous. Un jour, quelqu'un toque à la porte, j'étais en train de balayer (vive Cendrillon). C'était toute la bande d'amis à mon frère qui voulait le voir, et aussi le, cher cousin qui s'approche de moi et qui me dit à l'oreille en ricanant :

— Tu te rappelles dans la salle de bain ?

Et il court vers la sortie, rejoindre sa bande de copains.

J'étais pétrifiée, tétanisée sur place et dès le lundi matin, je suis allée le dire à mon directeur d'école. Étrangement, ça m'avait fait quelque chose d'entendre ça. Enfin, je savais que je n'étais pas folle et que je n'avais rien inventé.

J'avais très souvent cette impression d'avoir tout imaginé, car autour de moi, personne n'en parlait. Je doutais constamment.

Un mardi matin, alors que j'allais au marché j'ai aperçu sur la route l'autre cher cousin, son grand frère (car l'inceste est de famille, hélas…).

Il m'a appelé « Eh, salut crotte ! », mais je ne me suis pas retournée.

De temps à autre le samedi soir, j'allais solliciter mon frère Avinou : « Tu peux me donner 50 francs s'il te plaît pour ma semaine à l'internat », la voix basse, la tête baissée, j'étais gênée. Il était devant son ordinateur comme si personne ne lui parlait et pendant cinq bonnes minutes, j'étais debout devant lui, invisible comme d'habitude. À croire que j'étais vraiment de la merde à leurs yeux. Je redemandais et là il me disait d'un ton agacé : « Allez, vas-y, casse-toi, j'ai pas. »

J'avais trop de peine, trop. J'essayais un autre moyen en disant à Ethan qu'il aille demander lui-même à notre papounet, car Ethan était un peu son chouchou et qu'avec lui ça pouvait marcher. Ou pas… Un refrain classique de mon géniteur était : « J'ai pas de sous, sois gentille ma fille. »

Et puis le dimanche à 15 h je retournais à l'internat. Le plus souvent seule ou avec une cousine germaine. 2 h de trajets, une énorme valise, un sac à dos, et encore un cabas.

Et s'il n'y avait pas de bus, je devais marcher 45 minutes avec des escaliers interminables, avec tout cela sur le dos. Sans rien demander à personne pour ne pas changer. Ma chère famille si gentille et bienveillante avait pourtant une voiture. J'étais épuisée, je ne tenais plus quand j'arrivais, mais mon cœur était allégé d'être enfin arrivée « alors ça compense ».

Ma petite Keren, comment as-tu tenu dans tout cet enfer ? Un jour, je vous dirais ce petit secret, une super recette. Mais je suis déjà sûre que HACHEM, le BON D... m'a envoyé une force décuplée.

Une petite anecdote, vous allez vite comprendre : une personne qui se fait poursuivre par un méchant, sachez qu'elle a une force en elle « décuplée » pour pouvoir se sauver même si elle n'EN A PLUS LES MOYENS.

Je pense que pour moi ça a été la même chose, je n'avais pas le choix que d'avancer, de me surpasser pour pouvoir survivre. Avec toute cette intense brutalité, je n'ai jamais réussi à crier, à hurler, comme si je suis étouffée encore maintenant. Pourquoi ? Ce n'est pas juste, qu'ai-je fait ? Mais rien ne sort. Même quand je fais mes crises de mémoire traumatique c'est enfoui à l'intérieur et pourtant je le jure que j'aimerais hurler à s'égosiller pour sortir, pour expulser toute cette peine, cette injustice. Mais le silence règne, dans ce corps qui n'est pas le mien, paralysé. Mais un jour, ça sortira. On ne me reconnaîtra pas, en revanche, moi, je me reconnaîtrai et je me comprendrai. Et c'est ce qui compte.

Ma toute première tentative de suicide était à l'âge de 11 ans, un vendredi après-midi arrivée de l'école, je m'étais dirigé vers l'armoire de ma mère, je savais où elle cachait ses médicaments pour dormir.

On aurait dit que j'avais été dirigée par mon inconscient, ou bien guidée par ma mère qui ne voulait pas de moi, comme si que quelqu'un d'autre me télécommandait. À onze ans, faire cet acte n'est pas très naturel, pas commun à vrai dire. J'avais ouvert son sachet de médicaments et j'en avais avalé d'un coup, puis direction le canapé, personne n'avait encore rien remarqué.

Juste un frère qui a dit : « Oh, Keren est malade. » Et le shabbat après-midi, je faisais exprès de traverser les routes quand c'était au vert. Quelle détresse.

Je n'ai pas eu un cursus normal d'école, je me suis arrêté à la sixième, je passais de classe juste pour ne pas me faire taper dessus.

J'ai commencé à écrire vers l'âge de 14/15/16 ans.

Voici quelques extraits de ce si jeune âge où j'écrivais en cachette.

Je commence à angoisser ces vacances-là, « je me bouche les oreilles dès que j'entends seulement les bruits de valises ».

« OK, on aurait dû me laisser à la DASS, je n'aurais pas eu ce massacre. »

« Mes bras sont trop lourds pour pouvoir me reprendre en main. »

À peine si l'on ne m'a pas arraché mes petites ailes de ma petite enfance gâchée.

(Je suis aujourd'hui scotchée de ce que j'écrivais si jeune.)

« Je vois le bout du courage, mais je ne vois pas le bout de la souffrance. »

« Je suis une faute en moi-même. Je ne peux pas faire de bien si je suis moi-même une faute. »

« J'ai l'impression d'être dans la mer là où il y a des requins et quelques fois de petits poissons. »

« Ma vie, c'est comme une fleur qui s'est fanée avant d'avoir commencé à s'épanouir. »

« J'angoisse des vacances pourries chez moi. »

« Les vieux perdent la vue avec la vie, mais moi avec la vie que j'ai, je vais perdre mes larmes. »

Et je n'avais que 14, 15, 16, 17 ans… dans un corps d'une femme de 70 ans.

Grandes vacances croustillantes à Sarcelles Plage

Pendant les grandes vacances du collège, avant que je ne passe mes vacances à faire la Cendrillon chez ma sœur en Israël, je restais tout l'été chez moi. J'allais dans une carterie et j'achetais des cartes postales personnalisées à chacune de mes copines de classe pour les leur envoyer. J'aimais garder contact, et j'envoyais aussi des petites attentions. Pendant ce temps-là, ma mère dormait dans sa chambre. Quand j'allais les poster, je revenais chez moi et je sonnais à l'interphone. Je savais que ma mère était à la maison, toujours sous sa couverture de toutes les couleurs et elle savait que c'était moi qui sonnais. Mais elle faisait comme si de rien n'était, comme si personne ne sonnait. Je sonnais à tous les noms, mais aucun ne répondait.

Au bout d'un certain temps, je perdais patience et je m'asseyais pensive sur la marche en bas de chez moi. J'attendais de voir enfin mon père arriver du travail. « Où est ta mère ? » « Elle dort… » Aucune réponse de la part de mon père. Je montais avec lui, je me mettais en pyjama et je continuais à regarder la série Malcolm toutes les vacances seule, sur le canapé marron abîmé de mon salon, comme une souillon. Mes cartes postales étaient un trompe-l'œil, car au revers de mes écrits, je faisais toujours en sorte de raconter des vacances idylliques alors que c'était de la pure souffrance et de la solitude. Quelle amertume ! Ou bien lorsqu'on me voyait, j'étais bien bronzée. On me demandait où j'étais allée en vacances, mais je cachais que je n'étais pas partie bien loin. J'ai toujours voulu paraître normale comme les autres et ne surtout pas montrer ma souffrance et jamais sans mon sourire.

Qu'est-ce que j'ai survécu !

À cette époque, je ne parlais pas qu'avec des mots et des phrases, je parlais avec mes émotions. Avec les dessins que je faisais en classe (et que j'ai encore d'ailleurs). Avec ma posture toujours courbée. C'est tout cela qui racontait mon histoire. Le corps parle, il faut pouvoir apercevoir le décor derrière…

4e 3e et BEP

J'ai redoublé ma quatrième, après la troisième, catastrophe : je n'ai pas pu passer en classe supérieure. La 3e, c'était la catastrophe dans toutes les matières, j'avais des zéros partout. Parfois, je rendais la feuille de contrôle la première et vide. Ou alors je faisais semblant d'écrire des réponses et j'effaçais plusieurs fois, pour montrer que j'étais comme tout le monde.

Sinon j'écrivais mon prénom, nom de famille, adresse, etc., sur le côté de la feuille pendant 3 heures pour qu'on pense que je connaissais quelque chose. Et pourtant j'essayais. De temps à autre, je me donnais des claques derrière mes livres, je me tirais les cheveux très fort en me disant : « Bien fait pour toi, tu ne mérites que ça. » Je me souviens d'une professeure de français qui avait posé la question : « Qui aimerait écrire un livre ? »

Moi qui ne disais jamais des choses intéressantes, j'ai levé la main en disant « MOI ». Elle m'a direct cassé : « Toi ? Ça risque de ne pas être possible avec toutes les fautes que tu fais et puis tu n'as aucun vocabulaire ! »

J'étais tellement triste. Personne n'avait confiance en moi. Mais malgré toutes les personnes qui m'ont écrasé durant toute ma vie, j'ai essayé de l'écrire ce livre aujourd'hui. Un petit mot pour les professeurs qui me lisent, ne jamais rabaisser un élève, ne jamais se moquer d'un élève qui ne travaille pas bien, car vous ne savez pas ce qui se passe derrière. Faites attention aux mots que vous employez. Les mots sont tellement importants…

J'ai fait un BEP comptabilité que je n'ai pas réussie non plus. Pourtant, plus facile que ça, il n'y a pas.

Il y avait une formation en juin dans des sociétés à Paris, la classe était départagée en plusieurs groupes. J'y suis allée pour être comme tout le monde, mais arrivée là-bas pour ne pas pleurer de stress de ne rien comprendre à toute cette informatique, j'animais : je mettais de l'ambiance, de la musique orientale à tue-tête, j'allais en cuisine faire dix milliards de cafés pour tout le monde. Il fallait bien servir à quelque chose !

Dès que le patron arrivait, je fonçais devant l'ordinateur comme une élève studieuse. Toute la classe est passée en classe supérieure sauf moi, mais le directeur m'a laissé passer.

À cette période, je me suis attachée à une professeure d'hébreu, et je pense qu'elle s'était aussi attachée à moi d'ailleurs. Les premiers mots sortis de sa bouche furent :

« Tu sais qu'on ne donne plus le prénom Rachel à ses enfants, car dans la bible, les Rachel ont beaucoup souffert. » Elle n'avait pas tort sur ça.

Les Rachel sont celles qui se sont sacrifiées pour donner leurs vies, tout comme moi je me suis sacrifiée, suivez le reste de l'histoire. Toujours en train de penser à l'autre avant moi…

Keren ait de la peine pour chacun de ta famille, alors n'en rajoute pas s'il te plaît ! J'avais de la peine pour mon père, car c'était le père d'une famille incestueuse, ce n'était pas facile pour lui.

J'avais beaucoup de peine pour ma maman, car je savais qu'elle avait beaucoup souffert.

J'avais beaucoup de peine pour ma grande sœur, car elle ne trouvait pas de mari à son âge. J'avais de l'empathie pour le frère que j'aimais beaucoup, car il était au milieu de tout cela, c'est ce qu'on appelle une victime collatérale.

J'avais de la peine pour les agresseurs, car eux aussi ont vécu l'inceste. Je pense qu'on a senti l'empathie que j'ai pour chacun et on en jouait. Mon empathie et ma gentillesse me tuaient. Mais je n'avais ni peine ni gentillesse pour « cette petite fille » que j'étais.

Je pensais toujours à ne blesser personne de ma famille. Par contre eux, ça ne le dérangeait même pas de me faire du mal, de la peine, du chagrin.

Quand on voit que personne n'a de la peine pour cette petite Keren âgée de 5 ans, 12 ans, 16 ans, que les piliers eux-mêmes n'ont pas eu d'empathie pour toi alors comment peut-on en avoir pour soi ? Au fur à mesure du temps, ma prof et moi, nous nous sommes rapprochées et je l'ai informée de mon enfer. Elle était tellement déboussolée qu'elle en avait parlé au directeur dès la première heure le lendemain matin à son bureau. Il lui a dit : « Ne faites rien, ça va aller avec le temps. »

Je ne sais pas à quoi il pensait quand il disait ça. Un jour, j'aurais peut-être la réponse, qui sait…

Elle m'invitait chez elle, me préparait de bons goûters, m'achetait de jolis vêtements, du maquillage, nous allions à des fêtes ensemble.

Nous allions régulièrement dans une librairie juive dans le XIXe à Paris. Je passais le tour des livres pour savoir si on parlait un peu de ce sujet si « tabou ». Je sortais de cette bibliothèque irritée, en me demandant si je n'étais pas folle, si je n'inventais pas ? Ou alors peut-être que tout le monde vivait l'inceste, car c'était naturel ? J'étais complètement perdue.

Je disais à ma professeure que c'est normal qu'il n'y ait pas un livre sur l'inceste ? Elle me répondait que c'était trop tabou et que c'est pour ça que personne n'en parlait. J'avais une image en tête un peu lointaine « c'était mon livre et il sera ici ».

Un matin, elle m'a dit : « Je vais te faire participer à un concours pour gagner un voyage à New York, dis-moi tous tes prénoms hébreux. » Je lui ai dit même si j'étais sûre que je ne gagnerai pas. À midi, on rentre dans ma classe en hurlant de joie « Mazal Tov Keren ! » Ce n'est pas mon anniversaire aujourd'hui j'ai dit ? Mais non, c'est le voyage à New York, tu as gagné ! C'était le Rabbi qui m'appelait pour me donner des forces, il faut dire que j'en avais besoin pour cette vie sur terre… Je n'ai eu aucune réaction, je ne montrais aucune émotion au point qu'on m'a dit : « Bah, alors, tu n'es pas contente ? »

Ce fut un très beau voyage, j'étais bien grippée certes, mais j'y ai pris plein de force et j'ai été ravie de visiter New York. L'année d'après, j'ai fait des petits remplacements de monitrice à l'internat pour pouvoir y retourner. Cette fois, j'ai eu la gastro, mais c'était bien quand même ! Ces quelques semaines de vie m'ont permis de voyager dans un monde meilleur.

Mais un jour, elle, cette fameuse prof qui m'avait fait gagner le voyage a rencontré ma famille si gentille, et avec ma grande sœur ça n'a pas du tout collé, je l'ai de suite ressenti. JALOUSIE, fameux mot qui détruit des relations. Ça a viré au cauchemar dès qu'elle les a rencontrés. Peut-être qu'elle pensait bien faire, mais elle ignorait que ce travail, c'est uniquement celui des psychologues et des médecins.

Le bon D. a envoyé des émissaires pour ces familles détruites, ce sont des psychiatres et psychologues. Ce n'est pas pour rien s'ils sont là, nous ne pouvons pas nous donner leur métier sans expérience, sans diplômes.

Elle a essayé de faire la paix entre nous, elle me forçait à voir mon agresseur alors que j'en étais terrifiée. Elle avait tellement insisté et j'avais eu si peur que j'avais avalé des médicaments dans son appartement avant qu'il n'arrive chez elle.

Il y a eu un épisode qui m'a fait très mal au cœur avec cette professeure qui disait pourtant « aimer étudier la Torah ». En l'honneur de mon anniversaire, cette maîtresse d'hébreu nous a invitées, ma cousine et moi, pour passer Shabbat chez elle, à Paris. Inspirée par un livre religieux, elle avait pris la décision d'être encore plus aimable et gentille. Elle savait beaucoup de choses sur moi, mais pas tout. Elle savait que j'avais des complexes corporels et elle en a profité pour me faire honte, en cherchant à m'humilier devant ma cousine. Je lui disais « Stop, c'est bon, ce n'est pas drôle », mais elle continuait. Je criais « lâchez-moi ! », mais elle disait à ma cousine « Allez, viens, on l'embête ». Je ne me laissais pas faire, je les poussais, mais elle ricanait. À bout, j'ai craqué, crié et je suis sortie de chez elle en pyjama avec mes chaussures. J'en avais marre de l'humiliation. Ce n'est pas parce qu'elle m'aidait et qu'elle me soutenait qu'elle avait le droit de m'humilier. Je voulais vraiment me tuer, me jeter sous les roues des voitures et des bus. J'étais en pleine dissociation, je ne voyais plus ce qui se passait. Il faisait nuit. Ça la faisait rire comme un enfant de six ans qui s'est trouvé une occupation. Ce qu'elle m'avait fait m'avait cassé. Et quelque chose s'est cassé en moi avec elle depuis. Je n'aurais jamais fait ça à personne. J'ai tellement souffert que je ne ferais jamais de mal en retour.

Mes années de séminaire d'hébreu

Je tombe dans l'anorexie, on ne voit que des os.

D'après mon ostéopathe, « anorexie » veut dire : ma maman a voulu me tuer deux fois. Une fois dans la dimension intra-utérine et la deuxième fois à la naissance.

Et c'est exactement ce qui s'est passé.

J'ai directement fait un séminaire d'hébreu pendant trois ans.

La première année était sympa, je faisais des remplacements de monitrice à l'internat pour enfants en difficulté. J'ai toujours aimé m'occuper des autres, car je comprenais la souffrance. Je m'occupais des jeunes filles qui avaient du mal à se doucher, à laver leur linge sale, à enlever leurs poux, à arranger leurs armoires. Je me mettais à leur place.

J'organisais aussi des danses, je faisais la folle en cours, je ne dormais plus, et je ne remarquais même pas que j'avais perdu vingt kilos en quatre mois tellement j'étais euphorique.

Je ne mangeais plus rien, à part une orange et un chocolat chaud que je rejetais. Jusqu'à ce que je tombe dans les pommes. Pendant 3, 4 jours, je n'ai même pas réussi à me lever du lit, avec une belle pelade qui est survenue. C'était la fin de l'année, au mois de juin, j'avais la boule au ventre de rentrer pour les grandes vacances. Parfois, je restais encore à l'internat « seule » à dormir quelques jours en plus. Je me cachais pour qu'on ne me voie pas, qu'on me prenne pour une folle à rester seule, perdue dans un grand internat alors que tout le monde rentrait chez soi. Et je passais ces jours-là à pleurer toutes les larmes de mon âme, à écrire et à dessiner sans arrêt, textes que je donnais à mon directeur.

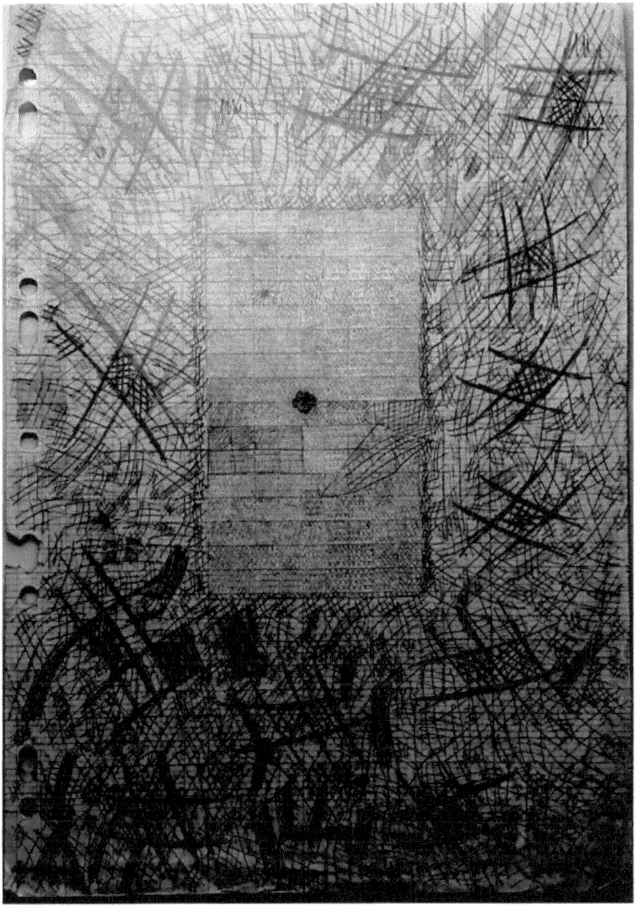

Et lorsque je rentrais aussi de vacances, je venais aussi plus tôt, deux à trois jours avant pour ne pas rester dans cet enfer trop longtemps.

Il y avait un professeur de Kodesh extrêmement intelligent, il remarquait les moindres détails. Il me semble que c'est lui le premier qui a su déceler que j'avais énormément maigri. Il est allé le dire à mon directeur, car il savait qu'il s'occupait de moi. Il avait même dit à mon ancienne meilleure amie de faire attention à moi, car j'avais beaucoup maigri.

Pendant ses cours, nous parlions de la vision du monde à adopter en tant que juifs pratiquants. On parlait beaucoup de D. ieu et des épreuves que nous avions à traverser. Ma blague fétiche (très humour noir) c'était de dire que le hobby de D. ieu était de me faire souffrir. Ce à quoi mon professeur répondait : « Tu as une maturité de souffrance. » Je ne lui avais rien raconté, mais je pense qu'il s'en doutait.

Des fois, je faisais la folle en classe, des petits coups bas aux professeurs, comme en fermant la porte de la classe à clef pour ne pas que le professeur puisse entrer après la récré. Il pouvait taper longtemps… On faisait semblant de prier pendant ce temps, la bonne excuse pour ne pas lui ouvrir !

Comme j'étais assise juste à côté de la fenêtre, j'en profitais pour parler aux gens qui passaient. C'était un passe-temps sympathique !

J'imitais aussi les professeurs devant eux parfois, ou bien j'allais me cacher dans le bureau du secrétaire pour papoter. C'était très agréable pendant que les autres bossaient.

Pendant que les professeurs écrivaient au tableau, je me levais et dansais l'orientale dans leur dos. Dès qu'ils se retournaient, je m'asseyais comme si de rien n'était, et j'étudiais comme une élève studieuse.

J'allais aussi voir la cuisinière et les femmes de ménage pour discuter et rire avec elles. Une s'appelait Fanta, mais je l'appelais Coca-Cola, j'appelais Malika « Milka » comme les chocolats, une autre s'appelait Zora et je l'appelais Zara. C'étaient des blagues à deux francs six sous et au début elles s'étaient vexées, mais avec le temps elles ne le prenaient plus mal.

Je discutais aussi souvent avec le gardien, Boris. C'était une bonne excuse pour ne pas entrer en cours ! Il était très gentil et quand je rentrais d'Israël je ne manquais pas de lui ramener des petits chocolats de là-bas.

Princesse des îles de Caraïbes en vacances

Les grandes vacances scolaires se faisaient chez ma grande sœur qui vivait en Israël, et pour ne pas changer, on m'offrait de vacances magnifiques et apaisantes. Je ne faisais que du ménage, et les repas, je m'occupais des enfants. J'étais déjà maman avant l'heure, encore.

Ou bien lorsque ma gentille sœur si bienveillante me laissait aller à la piscine, c'était avec une rage pas possible, et une culpabilité énorme. Je ne profitais jamais, j'avais toujours peur de rentrer juste à voir son regard.

Il faut dire que toute cette famille avait le même regard, aussi bienveillant l'un que l'autre. Et si j'avais le malheur de dire « non » pour le ménage, j'avais encore le droit à des insultes, des attaques, et du chantage. Car il y avait les autres sœurs, ma mère et mon père parfois, mais de nouveau personne n'était là pour me secourir. Tout le monde craignait ma grande sœur, et je pense que c'est encore le cas aujourd'hui.

Je me faisais beaucoup vomir chez elle après chaque repas, et aussi d'autres fois quand je faisais de grosses crises de boulimie vomitive tellement j'étais paisible et en quiétude. Je détergeais toujours à fond les WC derrière moi avec une tonne de papiers WC et de la javel. Elle m'avait dit une chose qui m'avait beaucoup marqué, c'était : « La règle d'or ici c'est un carré de papiers pour le pipi et deux carrés pour les excréments. » Quelle générosité de cas sociaux.

Sous la chaleur de 40 degrés à Netivot, la ville d'Israël où il y a le moins d'air, je transpirais, les gouttes dégoulinaient tout le long de moi pendant le ménage, mais ma sœur Tova éteignait la clim en disant « quand on fait le ménage, on n'a pas besoin de clim ». Quand son mari rentrait à la maison, il rallumait sans savoir que sa brave femme venait de l'éteindre. De nouveau, ma sœur l'éteignait, et son mari le rallumait. Ça pouvait se passer comme ça pendant longtemps, c'était marrant.

Le don de soi était héréditaire chez nous.

Ils sont proches de l'argent comme ils sont proches de leurs frères et sœurs, ça va, je charrie…

À plusieurs reprises, il est arrivé qu'elle m'expulse de chez elle en me disant « Ce n'est pas un hôtel ici » alors que je lui faisais déjà ses quatre volontés. Elle m'avait renvoyé de chez elle, car je ne voulais plus faire sa bonniche, je devais faire toutes les vitres de sa grande maison si je me souviens bien. Mais avant de passer aux vitres, je faisais les machines, repassais, nettoyait le sol, les toilettes, les lits, et tous les coins et recoins de sa maison.

Elle mettait un matelas par terre dans sa cour comme si j'étais un chien, sans draps, sans couverture. Même à un chien, on ne fait pas ça. Et elle passait et repassait, sans un regret, sans un « pardon ma petite sœur », même pas « rentre ma sœur, ne reste pas dans le noir ». La nuit, il faisait frais. Comme son cœur.

De temps en temps, j'allais dans une allée qui était toute noire sans un seul éclairage. Je me cachais derrière un arbre (je pense qu'il y est encore) et personne ne s'inquiétait sauf mon beau-frère qui me cherchait en voiture. Je le voyais de ma cachette, il rôdait en voiture à ma recherche.

Elle m'avait aussi virée en journée, par un jour de grande chaleur. Je portais un t-shirt blanc long et très large. Je suis allée chez la mère de mon père, assez âgée qui n'habitait pas très loin. Je me retenais de pleurer, comme d'habitude. Ma grand-mère me dit de dormir chez elle, de rester chez elle.

Mais ce n'était pas fameux, même si ce n'était pas de sa faute : le matelas par terre avec des taches jaunes de partout, sur lequel j'étais obligée de dormir avec des cafards qui vadrouillaient un peu partout. J'ai cru mourir sur place, surtout que j'avais la phobie des cafards.

Le lendemain, sous la chaleur de Netivot, j'ai parlé au bon D… J'ai écrit une lettre sur mon téléphone, comme s'il était à côté de moi, car malgré tout je le sentais toujours proche de moi. Ça m'aidait à vivre, disons-le comme ça. J'ai écrit cette lettre il y a plus de 15 ans, voici :

Cher bon D. qui voit tout de là où tu es. Ça fait des années que je me bats pour survivre, je lève mes yeux vers le ciel et mes larmes coulent sur mes joues. Je t'en supplie bon D…, fais que ma vie soit un peu plus paisible, sans que j'aie à me battre comme une acharnée. Que veux-tu chez moi ? Que cherches-tu ? Je fais toutes les prières pour stopper tout ça, mais rien n'y fait, tu ne me lâches pas. D'autres prient pour des choses matérielles, moi je prie pour que tu arrêtes mes souffrances.

Puis je me suis dit que je préférais être maltraitée, car mon cerveau connaissait déjà ça dans une maison propre, plutôt que de rester dans une maison insalubre et je suis retourné chez ma sœur.

Mais cette chère grande sœur n'avait pas de regrets du tout. Jusqu'à 20 ans après, elle n'a jamais manifesté la moindre honte de ses agissements. C'était son plaisir de perverse de me voir si mal. Il faut vraiment être sans-cœur… j'avais hâte de rentrer, non pas chez moi, mais dans mon école en internat. Heureusement, j'avais mon neveu Nolan. C'était le plus grand de tous mes neveux et nièces et c'était mon seul et unique rayon de soleil dans cette famille. Il était très sensible et comprenait bien qu'on n'était pas gentil avec moi. Il regardait tout, observait, mais ne disait rien. Il sentait bien que quelque chose clochait et je l'observais aussi du coin de l'œil. Je sentais qu'il comprenait tout et par la suite j'ai bien vu que je ne m'étais pas trompée. Il m'achetait des bonbons avec ces petits sous et parfois il se cachait pour ne pas aller à l'école et pour rester à la maison avec moi avant que je retourne en France. Nous étions très proches.

Il faut toujours voir le bon Keren, tu avais ton neveu là-bas et ensuite heureusement que tu as l'internat. C'est essayer de toujours voir le bon côté des choses qui m'a aussi un peu (j'ai bien dit un peu) facilité la vie.

Mon petit papounet chéri me jetait comme une saleté chez elle un mois et demi, avec cinquante euros tout le mois qu'il me donnait juste avant de monter dans l'avion, comme ça, c'était sûr que je ne pouvais ni parler ni demander plus et « de toute façon, ta sœur a de l'argent, elle va-t'en donner ».

Il y avait du monde, donc « pas de caprices Keren » c'est mal vu. Simplement, négocier c'était INTERDIT. Et je n'essayais même pas…

Sa phrase fétiche (tu as de quoi manger, de quoi loger, tu n'as besoin de rien d'autre) quelle indignité, et je montais dans l'avion tellement malheureuse, gênée, je voulais me cacher, à force je me répétais « vraiment, tu déranges, que même deux euros c'était trop » et encore aujourd'hui je le pense fortement. Et le peu de sous que j'avais pour tout le mois, je n'achetais que « pour les autres », chacun avec sa petite attention d'un ou deux euros. Mais ce qui était sûr c'est que je n'oubliais personne… sauf MOI.

Et j'achetais même à mon père, et quand je le lui offrais il disait « je n'avais pas besoin de ça pfff ». C'était très rabaissant.

J'essayais toujours de faire plaisir avec une petite attention.

Faire plaisir, aider, être attentionné ne coûte rien, mais cela apporte beaucoup.

Ce qui est franchement remarquable – c'est que les bons sont généreux dans leur pauvreté, et les méchants sont radins au milieu de leur abondance.

À chaque anniversaire que ce soit pour mes frères ou mes sœurs, j'essayais de leur organiser une fête surprise. Tout en fonction de ce qu'ils aimaient et de ce qui leur ferait plaisir jusqu'au moindre détail : leur couleur préférée, leurs gâteaux et boissons préférés, leurs meilleurs amis… Tout en discrétion, je me renseignais sur le cadeau qui leur plairait le plus. Le jour J c'était folklorique ! Une jolie fête colorée dans le but de leur faire plaisir.

Pour faire une belle fête, nous étions à chaque fois une vingtaine – c'est bien connu que plus il y a de fous, plus on s'amuse, dans une salle de synagogue, au restaurant ou à la maison. Je prenais le peu de sous que j'avais pour faire un gâteau et organiser une collecte pour offrir le cadeau en commun. Avec rien, on peut faire de belles choses ! On invente, on fabrique. Qui veut faire quelque chose trouve des moyens. Qui ne veut rien faire trouve des excuses. Tout ce que je faisais, c'était toujours de bon cœur. Je ne suis pas méchante, mais on me donnait et j'avais l'impression d'être un gros monstre. Je n'ai jamais parlé méchamment à quelqu'un gratuitement, jamais je ne me suis moqué de quelqu'un. Les insultes et les humiliations ne sont pas dans mon vocabulaire et pourtant j'en ai subi et reçu. Je n'ai jamais volé même si les circonstances font que j'aurais pu. Je n'ai jamais frappé, levé la main ou touché… quelqu'un. Jamais de magouilles dans ma vie alors que parfois j'aurais pu prendre le droit vu ma situation précaire. J'ai toujours eu comme devise « Le respect passe avant tout », même si on est au plus mal dans la vie. Mon psy m'appelait d'ailleurs « libellule ». Je lui ai demandé pourquoi. Il m'avait dit que les libellules ne faisaient pas de mal à une mouche.

Faire plaisir, aider, être attentionné ne coûte rien, mais cela apporte beaucoup.

Mes 18 ans

L'année d'après c'est-à-dire ma 2e année de séminaire, les crises de boulimie vomitive sont rentrées dans ma vie, dans mes entrailles, pour bien m'en rajouter… et en même temps c'était aussi pour me préserver de toutes ces tragédies.

Les crises de boulimie vomitive étaient là pour ne pas que « JE MEURE SUR PLACE », ça m'a donc protégé d'une certaine manière. La journée, je ne mangeais rien, je ne buvais que du jus. J'attendais le soir très tard vers trois heures du matin pour manger.

Je descendais par la porte de secours et j'allais dans la grande cuisine de l'école dans le noir complet. J'avais peur, des frissons dans toute ma chair, mais quelque chose me poussait à le faire quand même. Je mangeais le reste des assiettes, de la poubelle, l'horreur absolue, à ce moment-là mon taux d'adrénaline était au plus haut tellement j'étais anxieuse à l'idée que quelqu'un me chope. À plusieurs reprises, j'aurais pu mourir de stress. Car pour ceux qui ne savent pas, oui on peut mourir de stress.

Une partie de mon cerveau disait « stop Keren ! », mais mes membres, mes organes faisaient le contraire. Ça s'appelle une pulsion, c'était plus fort que moi.

Et même si c'était dégoûtant, je mangeais quand même, c'était sûrement une façon de me salir encore plus. Oh mon D... dans quelles souffrance et détresse j'étais, j'allais me cacher sous la table de la cuisine pour manger ou bien sous la table du salon avec mon assiette comme une pauvre petite fille qui n'aurait jamais mangé de sa vie.

Je ne mangeais pas, je me goinfrais jusqu'à ne plus pouvoir marcher. Alors que je devais remonter dans ma chambre avec des escaliers interminables, je me tenais à la rampe, avec mes mains huileuses, pliée en deux. J'appelais au secours « mais qu'ai-je fait mon D... pourquoi j'ai fait ça ? »

Je vais vous le dire « DISSOCIATION ».

L'école était sombre, tout comme ma vie, tout comme mon cœur, tout était obscur avec juste la lumière des WC allumés. Je ne me reconnaissais pas moi-même, j'avais tellement besoin de combler ce vide en moi, ce vide que personne ne pouvait combler. Un « ulcère au cœur », avez-vous déjà entendu ça ?

Et je suis rentrée dans les crises de boulimie vomitive à partir de 18 ans, pour 15 années de tourments. C'était entre anorexie et boulimie vomitive, quels maudits troubles alimentaires ! Boulimie ou pas boulimie, il y a certains aliments que je ne peux même pas manger, ni même goûter sinon je gerbe sur place… Peut-être, quelque chose encore enfoui aujourd'hui après 35 ans… Pas grave, je ne veux pas savoir et ni connaître, ce que je sais c'est que mon gentil cerveau me protège.

Je n'avais plus d'espoir de m'en sortir, l'envie de suicide était souvent présente, elle m'envahissait. C'était comme une drogue, pas de la cocaïne, mais de la boulimie, car c'est aussi une addiction. C'est un mal-être qui me pourrissait de l'intérieur, mais je ne faisais rien paraître. Je préférais me goinfrer pour éviter de montrer ce malaise-là, qui ne sortait qu'en vomissant. Des paroles, des dires qui ne voulaient pas sortir en mots, peur de s'entendre les dire, donc je vomissais les mots, la vie, pour gerber toutes ces années meurtries.

Maladie boulimie vomitive (mal à dire)

J'avais peur de manger, de grossir, d'avoir quelque chose à l'intérieur de mon ventre. Peur de la graisse, parfois je me demandais même si je ne vivais pas que pour faire et gérer mes crises de boulimies. Je mettais tout dans le même sac, toutes les émotions, la tristesse, la peine, la colère, etc. Cet enfer m'a valu cher, même très cher. J'aurais préféré ne pas être née ! Souffrance, chagrin, douleur, on aurait dit que c'était destiné.

Je n'avais que cette façon de m'exprimer, et je me jurais de ne plus recommencer, mais ma mémoire traumatique de nouveau se réveillait, et rien n'y faisait, mais la pulsion était là de nouveau.

Les TCA m'ont gâché une bonne partie de ma vie. Je ne peux pas dire que ça m'a gâché ma vie de famille, car sur ce sujet-là, j'avoue c'était déjà la famine.

Ça m'a gâché mes sorties avec mon amoureux (à l'âge de 25 ans), mais aussi abîmé toute ma vie sociale, professionnelle… Qu'est-ce que ma vie est sensationnelle ! Mes nuits aussi étaient pourries, car elles étaient planifiées par les crises de boulimie. C'était comme un tourbillon vicieux.

Ce n'est pas la nourriture le problème, ni le frigidaire, ni la crise de boulimie, c'est ce qu'il a derrière, la souffrance, le malaise qui ne peut même pas s'expliquer. J'ai toujours dit que c'est comme un cancer de l'âme… et invisible, ça fait encore plus de mal.

Je n'ai peut-être pas assez souffert étant gamine, et oui, c'est ça la vie d'une benjamine, pas toutes les benjamines sont des gâtées hélas…

Mais je vous dis un secret ? Ce sont ces TCA qui m'ont aidé à tenir psychologiquement. Mais physiquement pas trop le cas, on va le dire.

Je suis descendu jusqu'à 36 kilos. Je ne me rendais pas compte que j'étais maigre, je me trouvais toujours grosse, avec de la graisse qui débordait. Ce corps me répugnait et encore aujourd'hui je ne veux pas le voir… ni l'accepter.

Le lendemain d'une crise de boulimie, je n'arrivais même pas à me lever tellement j'étais épuisée, exténuée d'avoir rejeté autant. Je n'avais pas de force dans les membres, mais je faisais comme si de rien, je me mettais sur mon 31.

Je devais faire actrice dans une vie antérieure.

Et on me jugeait toujours sur mon apparence, car j'étais coquette, j'étais toujours propre, bien habillée « elle a de l'argent, elle a l'air d'aller bien, ce n'est pas elle qui aurait besoin d'un euro », alors que j'avais envie qu'on voie combien je souffre, mais je ne sais pas pourquoi moi-même je voulais et je veux absolument montrer le contraire à ce point ?

La honte peut-être ? Enfin, c'est légitime d'être gênée. C'est quand on n'a vraiment pas qu'on n'ose pas le dire…

Au fur et à mesure, je n'allais plus en cours, j'allais en dehors de l'école carrément dans une forêt près d'une rivière et je pensais, pensais, pleurais. J'écrivais aussi énormément. J'écoutais la musique à fond dans mes oreilles pour m'absenter de ce monde de brutes, une façon de me déconnecter, car je ne voulais rien entendre. Ce fut comme ça toute ma deuxième année de fac d'hébreu.

Il y avait des sorties organisées par le séminaire entre filles, des voyages, des nuits dans des gîtes avec piscines, etc. Mais je n'y allais pas dû à tous ces problèmes, de TCA, complexes, manque d'argent. À la place, je restais à l'internat seule dans la plus petite chambre, en train de sangloter à ne plus pouvoir respirer. Combien j'en ai souffert. On ne pourra jamais rattraper ces années de souffrances.

Le grand rabbin du séminaire était Rav Schontal, il disait que j'étais une perle noire. Longtemps, je n'ai pas compris la signification de cette expression, mais aujourd'hui je me souviens d'un proverbe qu'il disait régulièrement : « Il n'y a pas d'insolence, il y a l'intelligence de dénoncer une certaine hypocrisie. » La différence dérange !

Voilà, tout est dit ! Cela ne veut pas dire que je suis mieux que les autres, non ! En revanche, différente ! J'ai rêvé plusieurs fois de lui depuis son décès. J'aurais tellement aimé comprendre la profondeur de tous ses messages.

J'étais tellement malheureuse de ne pas être comme tout le monde que j'ai fait un jour une tentative de suicide dans la chambre du séminaire.

Et à la fin mon directeur n'acceptant plus ce risque dans son école, il m'a prévenu que si je n'allais pas me faire aider, il ne m'accepterait pas l'année d'après.

Et effectivement, en début d'année, il m'a refusé. J'ai dû m'enfuir chez une copine pendant quelques mois, sans dire à personne où j'étais.

Chez ma copine, je souffrais aussi terriblement, je ne trouvais ma place nulle part. Je suis allée vers une autre copine à Lyon, mais j'arrivais plus à vagabonder pour une raison qui peut vous paraître simple : parfois, il suffit d'un seul mot, rien qu'UN pour me faire revivre cette mémoire traumatique. Alors ce que je faisais pour qu'on ne l'allume pas, c'est que j'évitais toute conversation, je ne sortais pas entre amies, j'étais en hypervigilance h24. Ça fatigue énormément. Pour vous, certains sujets peuvent vous paraître très « naturels », mais pour moi, non ! Comme si qu'avec chaque conversation entendue, on donnait des coups à mon cerveau, et je disais « stop, arrête, je t'en prie », mais la personne en face ne pouvait pas comprendre vu qu'il s'agissait de sujets NORMAUX. Je me protégeais donc à ma manière en restant solitaire. Quelques sujets qui me sont insoutenables sont : manger, travailler, les vacances, l'école, les études, les familles aimantes, les fêtes et plein d'autres sujets et j'en passe… J'entendais des mots qui me faisaient carrément revivre à l'identique le moment présent de toute cette enfance d'enfer.

Ce qui me fait encore énormément souffrir, et que je n'arrive toujours pas à admettre c'est que même si je ne le veux pas, ma mémoire traumatique peut débarquer à tout moment, à l'improviste, à cause d'un mot, d'un son, d'une odeur, d'un endroit, d'une période de fêtes qui est pour moi synonyme de douleur et d'angoisse intense. C'est invivable et ça le sera à vie, je pense.

Les périodes de fêtes s'associent tellement pour moi à mes tentatives de suicide, à tel point que je déteste ces périodes, et ce sont, les pires mois de ma vie.

L'amertume, la brûlure vient d'un coup et elle m'anéantit. Trop dur.

Et je commence à me dissocier « instinctivement » pour ma survie, je me disperse dans ce monde qui n'est pas le mien et qui ne l'a jamais été d'ailleurs.

En faisant une crise de boulimie de ce manque, de ce vide intérieur, je vomis juste après ce monde si méchant, je me scarifie pour ne plus sentir la douleur invisible de l'âme.

Tout cela en cachette chez moi, en silence. Mais par contre si une copine m'appelait, me disait qu'elle n'était pas bien, je courais la soutenir alors que j'étais à deux doigts de mettre fin à ma vie. Ces crises de mémoire traumatique faisaient aussi comme des pertes de mémoire, des manques de concentration, des oublis, un brouillard dans le cerveau. Je pouvais ainsi aller aux courses et oublier ma carte bleue et mon sac à main à la caisse.

Chez mes copines, je sentais que je dérangeais, jusqu'à qu'un jour je décide de me jeter à l'eau froide : au bout de quelques semaines je suis rentrée chez moi. Mais je n'ai pas dit la vérité, j'avais menti à la chère famille en disant que j'avais un boulot à mi-temps pour ne pas rester chez moi.

Le matin au lieu d'aller au travail, j'allais dans un endroit au hasard à Paris. J'atterrissais souvent station Bibliothèque François Mitterrand. Là-bas, commençait un autre gouffre, je restais dehors dans le froid, dans la neige, pluie, grêle, sur un banc devant un Monoprix (je crois qu'il y est encore). Mais je ne pouvais pas entrer longtemps, je n'avais pas de sous.

J'avais faim, j'avais soif, j'avais froid, mais seul le froid me réchauffait et mes larmes toutes chaudes me consolaient. Pendant ces moments-là, je me disais « personne ne peut imaginer une seconde que je suis ici au froid, dans cette souffrance » surtout qu'on ne pouvait pas le remarquer, vu que je savais donner le change à merveille.

Je marchais tout le long du pont aussi, en me donnant du courage seule, « Keren, tu vas réussir, ne te laisse pas abattre, tu vas écrire un livre un jour et tout le monde saura et se rendra compte. c'est quoi ce monde de mensonges ! ».

Jamais je n'aurais pu penser qu'on pouvait autant souffrir émotionnellement et psychologiquement si jeune… (15 ans de maturité de souffrance).

Je suis passée par les 5 blessures : blessures d'abandon, de rejet, d'humiliation, de trahison et d'INJUSTICE. Eh bien je vais créer la sixième blessure, c'est peut-être ce qui m'a fait développer mon sixième sens, qui sait ?

« C'EST LA BLESSURE D'ÂME. »

Lorsque j'étais sur le pont, je me parlais seule, je pleurais au bon D... :

« Hachem, j'ai envie de hurler au monde entier dans un micro combien je souffre. » Il y avait une phrase qui m'apaisait et qui me tranquillise encore actuellement lorsque je suis en remise en question sur le mal qu'on m'a fait : « Je sais qu'Hachem voit tout de là-haut, tu sais qui je suis, toi. »

Ça me soulage de manière immédiate. Malgré que de temps à autre, je suis en colère contre Hachem et c'est légitime, je suis pas une sainte, loin de là, je ne dis pas Amen à tout ce que le bon D... me jette. Des fois, la colère et la rage sont là. De mes souffrances, j'en ferai de l'art. Oui, il le faut.

Le soir, j'arrivais chez moi comme si de rien, et rebelote tous les soirs idem. Jusqu'à qu'un jour ma grande sœur me dise « dis-moi, tu es où tous les jours ? Je sais que tu ne travailles pas, tu ne ramènes pas de paie ». Et à partir de là curieusement, je me suis sentie comme soulagée d'avoir enfin dit la vérité, et donc je pouvais rester à la maison quand j'avais froid, malgré l'ambiance glauque.

Je pouvais faire des crises de boulimies non-stop, une après l'autre, me faire vomir plus 200 fois par jour. Quand je sortais des toilettes, ma mère me dévisageait avec dédain, avec un regard dégoûtant vis-à-vis de moi et me crachait, j'avais honte de moi, de ce que j'étais. Je voulais crier oui, je le voulais, mais c'était bloqué. J'étais glacée.

Le week-end (le shabbat chez nous), il y avait toute la famille réunie à tout jamais « pour l'éternité », ne pas oublier..., un peu d'humour. Je croyais mourir quand tout le monde était réuni autour de la table. Je me demandais comment faisaient-ils pour se regarder, discuter entre eux comme si de rien ? Envie de VOMIR.

J'avais envie de pleurer, crier fort toutes leurs horreurs, les dénoncer à tout Sarcelles. Mais non, je gardais, j'enterrais ces « cris silencieux », car j'avais peur de détruire encore. J'allais dans le balcon sans faire le moindre bruit, je me cachais derrière l'armoire de provisions, et je mangeais, bouffais, bouffais, jusqu'à ne plus pouvoir marcher. J'avais mal au ventre, mal au cœur.

Mais quelle détresse mon D... même l'écrire ne suffit pas pour qualifier ce gouffre. Et direction toilettes, je fermais toutes les portes pour ne pas qu'on m'entende me faire vomir. J'étais sale. Cette chère mère qui voulait montrer combien j'étais sale et répugnante, elle m'entendait rentrer au WC, alors elle ouvrait les portes du couloir en grand pour me faire honte, et elle y arrivait bien. Ça me gênait tellement que j'étais bloquée, oppressée, rien ne sortait et j'avais la haine contre toute cette famille. J'allais faire ma douche, qui devait être normalement un moment bon et doux que je rendais amer, je gerbais tout dans la baignoire, je bouchais tout, appelais au secours, comment vais-je faire ? Au secours, j'ai mon œsophage qui me tue de brûlures, mais rien ne m'arrêtait.

Je prenais tout mon vomi et je le mettais dans le sac poubelle, je nettoyais tout à la javel complètement déboussolée et je le cachais dans mes habits et hop, jetais le tout à la grande poubelle. Et ni vu ni connu. Et je repasse devant eux encore unis comme si de rien. De toute façon, rien ne les arrêtera… Puis je repartais sur mon lit profondément abîmée, désespérée. Je peux écrire tous les synonymes du monde, aucun mot ne pourra qualifier ma douleur, aucun.

Le cadeau de ma vie, « mamie Anna » qu'Hachem m'a envoyée, UNE JUSTE PARMI LES NATIONS

Un vendredi avant shabbat, une idée m'est venue. C'était d'aller sur un site contre les violences et de hurler mes tourments. J'ai directement écrit « au secours, je vais me suicider, à l'aide » et une femme, une maman, une grand-mère, qui est devenue mon ange gardien aujourd'hui m'a envoyé un message : « Ma puce s'il te plaît, ne fais pas de bêtises, je suis là » avec son numéro de téléphone.

Ç'aurait pu être encore un pervers, mais je n'avais plus peur avec tout ce que j'avais vécu, je lui ai aussi donné mon numéro de téléphone.

Elle m'a appelé une seconde après, mais je n'ai pas pu répondre, car mon grand frère pouvait me taper si j'étais au téléphone, mon grand frère qui avait la phobie du téléphone (à suivre la série 2 épisodes 5, lol). Cette dame si gentille et aimante m'a laissé un message vocal : Ma puce c'est Anna, ne fais pas de bêtises, je suis là maintenant.

« Et depuis c'est ma thérapie maternelle. »

D'un coup en écoutant sa voix, j'étais rassurée, c'était vraiment une voix de dame âgée. Et depuis on a commencé à s'écrire beaucoup de SMS (je n'arrivais pas à parler encore… et j'avais peur du téléphone aussi, ça fait partie de mes séquelles). Ça a mis 6 mois avant que cette brave mamie entende ma voix. Elle m'a permis de lui envoyer toutes les misères que je vivais. Je sentais enfin quelqu'un qui me comprenait vraiment. Ça me déchargeait un petit peu. Merci mamie Anna. Cet ange m'achetait des recharges de SMS pour lui envoyer autant de SMS que je voulais. Non, ce n'était pas mon père qui me les achetait. C'était ma mamie de loin, de Normandie qui s'occupait de moi. Toutes les questions sur la vie, je les lui posais. Un jour, j'ai eu un flash-back, comme quoi mon père avait vu ce que j'avais traversé et qu'il refermait la porte comme si rien ne s'était passé (je ne me suis pas trompée, autre chapitre). Je demande à mamie Anna : « Dites-moi, est-ce possible qu'un père ait vu l'inceste de ses propres enfants sur moi et n'ait rien fait ? » Mamie Anna m'a répondu : « Ma puce, tout est possible. »

À partir de ce moment-là, j'ai compris que mon père avait été complice et qu'il jouait bien le pauvre misskine. Il jouait bien son jeu.

Parfois, je voulais aussi appeler mes copines, mamie Anna, comme tout le monde normalement. Je le faisais, mais « sous la couette », j'essayais de ne pas discuter à voix haute et dès que mon frère rentrait dans la chambre, je bloquais toute respiration. Quelle frayeur, rien que j'entendais ses pas, je ne remuais même pas la couette ET ACTUELLEMENT À L'ÂGE DE 34 ANS LE TÉLÉPHONE ME MET ENCORE DES ANGOISSES.

J'étais exténuée, très fatiguée mentalement et physiquement à peine à 20 ans, soi-disant le plus bel âge.

Le début de la vérité et du mensonge en même temps

C'est ce qui maintient le suspense de l'intrigue. Ils se convainquent – con-vaincre entre eux même de leur vérité mensongère.

En revanche dans le mot EMETH (vérité) il y a UN aleph : Hachem et METH : mort. Hachem ne réside pas dans le monde du mensonge. Ou bien dans le mot EMETH, il y a le mort « mort » tout court. Il faut mettre fin à tout ce mensonge. Prenez ce que vous avez envie de prendre.

Quel paradoxe ! Ma grande sœur a commencé à avoir des rendez-vous avec une thérapeute familiale, car elle sentait quelque chose de dramatique, mais elle ne savait de quoi il s'agissait. « Il y avait un non-dit. » Les non-dits laissent des traces.

Puis mon frère préféré Ethan s'est marié et à partir de là, je me suis sentie abandonnée.

Le peu de fois où je le revoyais à Sarcelles, c'était une fois par semaine quand il venait voir ma mère. J'avais remarqué – d'un œil extérieur comme « j'observais la scène », qu'il n'arrivait même pas à venir jusqu'à ma chambre pour me dire bonjour, comme si j'avais la peste. Il passait devant la porte de la maison et me disait « Salut Keren », de loin et c'est tout.

Quelques semaines après le mariage, il y avait la fête de Pourim. C'est une fête où on se déguise, on fait un grand festin et on est tous réunis pour l'éternité – enfin ça dépend chez qui ça… J'étais chez mes parents, allongée dans mon lit, ma couverture me recouvrait entièrement. Je ne voulais voir personne et je n'arrivais de toute façon pas à me lever. Ma belle-sœur était venue me dire de me joindre avec eux à table, mais j'avais refusé. Ethan est venu alors essayer de me convaincre. Mais je restais silencieuse, je n'arrivais même pas à concevoir qu'Ethan me propose de venir à table entourée de cette famille chérie avec tout ce qu'il savait. Il est reparti dans le salon en disant « De toute façon, elle fait tout le temps la gueule avec ces histoires ! ». J'ai eu l'impression d'avoir reçu une balle en plein cœur. Je me suis levée en criant : « Vous ne m'avez jamais entendu me plaindre, je me suis toujours tue et après tous ces viols où je n'ai rien dit, tu oses me dire ça aujourd'hui ? » Et j'ai claqué toutes les portes super fort.

En fait, ce qu'Ethan ne voulait pas voir c'est que ce que j'avais vécu le mettait face à ses responsabilités de grand frère. C'est pour se déculpabiliser qu'il disait ces phrases assassines. Mais ce n'était pas à moi qu'il fallait les dire. C'était aux agresseurs ! Je n'avais strictement rien demandé et il me semble que sa femme m'avait dit « t'inquiète pas, notre vie a été gâchée depuis le premier jour de notre mariage » et c'est encore à moi qu'on dit ça ? Pas grave, j'ai l'habitude...

Mais qu'ai-je fait pour mériter tout ça ? Pour ne pas oser le dire directement et ouvertement aux agresseurs ? Ah oui, c'est trop dur de voir que dans sa propre famille il y a plus d'agresseurs qu'on ne le croit. C'est peut-être ça, au bout d'un moment... Vous savez, on peut arnaquer toute la terre entière, mais pas le bon D... Il voit tout de là-haut.

Ses paroles m'avaient beaucoup heurté, j'ai commencé les tentatives de suicide dès le lendemain de son mariage. J'étais à mon endroit habituel sur le banc, et là j'ai pris tous les cachets et je suis allée rejoindre une copine dans le 19e comme une droguée, à peine si j'arrivais à fonctionner. Et je me suis évanouie dès que je suis arrivée, paraît-il que le docteur me donnait des claques, mais rien n'y faisait j'étais comme morte. Je ne ressentais plus de douleurs, ça me faisait du bien. Et j'ai été en réanimation à l'hôpital Tenon, j'ai failli y passer.

Et dès que j'ai ouvert mes yeux, je vois mon frère préféré devant moi. Ça m'avait fait un bien fou, qui n'a pas duré longtemps d'ailleurs. Toute cette famille était derrière la porte, et avant qu'il ne reparte à la maison, un de ces frères qui avait abusé de moi m'a laissé une lettre. Je n'avais pas ouvert la lettre que je savais déjà ce qu'il y avait dedans. « Notre secret. »

Il me demandait pardon. Je l'ai déchirée en mille morceaux, et je l'ai jetée par la fenêtre de chez ma professeure d'hébreu. Je le regrette fortement aujourd'hui.

À cette période, je dormais chez une professeure qui s'occupait de moi comme sa petite sœur, jusqu'au jour où ça a dérapé et j'ai fait une TS chez elle aussi. Je ne faisais que ça, TS sur TS, au moins une quinzaine. C'était la seule chose qui calmait mes douleurs « internes ». J'emploie bien le mot interne, car tout était à l'intérieur.

Je me sentais partir de ce monde si méchant avec moi, je faisais taire mes souffrances de cette manière.

Je faisais une tentative de suicide : ambulance, sevrage, hôpital et de nouveau chez moi, et rebelote, je faisais une deuxième tentative, ambulance, sevrage, hosto et de nouveau, je rentre chez moi, et une troisième, etc. J'ai fait cela au moins dix fois jusqu'au jour où Dr Momo m'a été envoyé et j'en ai plus refait.

Une partie de ma vie volée dans les centres psychiatriques

Me voilà passée par l'hôpital Gonesse, l'hôpital Beaujon, l'hôpital Tenon, Hôpital Balanger, une clinique en dehors de paris, etc.

À l'hôpital de Beaujon suite à une TS, j'étais sur un brancard avec des couvertures sur ma tête, je ne voulais voir personne. Il y avait Ethan, sa femme, et ma grande sœur qui me tend le téléphone en me disant : « C'est ton directeur d'école, il veut te parler. »

« Allo, Keren, j'ai eu le grand rabbin Abouhatseira d'Israël, il m'a dit qu'il faut garder le silence, car l'affaire n'avait pas encore éclaté au grand jour. »

J'étais figée sous ma couette, incapable de réagir, de l'insulter, de m'opposer à ça. J'ai senti comme un vrai choc émotionnel sur place, un blocage corporel, à la limite du cérébral.

Au fond de moi, je disais « mais c'est inadmissible c'est quoi ces rabbins-là ? » Cette phrase avait cassé quelque chose en moi envers mon directeur que j'appréciais pourtant.

Et surtout, surtout, c'est un directeur d'école du rabbi de Loubavicth et une directrice d'école du RABBI. Je ne pense pas que le rabbi veuille ça dans ce monde, dans son école même… Le rabbi ne laisserait jamais faire ça.

Nous qui ouvrons le Iguerot Akodech pour un oui ou pour un non, on doit l'ouvrir pour savoir ce que pense le Rabbi sur l'inceste, sur les viols, sur la plainte ? Cela ne prendra que quelques minutes… et ça peut aider tellement de personnes. N'est-ce pas que le Rabbi est toujours dans l'aide pour qui que ce soit, il ne trie pas les souffrances des gens que je sache. C'est la solidarité des bourreaux et des complices qui est plus forte que celles des victimes ?

J'attendis d'être isolée pour contacter moi-même le grand rabbin Abouhatseira et son secrétaire me répondit. Je lui dis :

« Bonjour, c'est Keren, je pense que vous avez eu mon directeur d'école et ma famille au téléphone. Est-ce vrai que vous avez dit que je dois garder le silence ? »

Le secrétaire m'a sauté dessus avant que je finisse ma phrase : « Vous n'avez pas honte de ce que vous faites à votre père ? Il est malade à cause de vous, votre maman est tombée malade à cause de vous aussi ! » J'ai dit : « Mais VOUS n'avez pas honte de parler comme ça ? » Il a insisté, m'a dit non. Alors hop, je lui ai raccroché au nez. Intolérable… Je revivais le viol à ce moment-là. Et dix ans après, je me suis bien renseignée chez un cousin de ce rabbin, il s'avère que ce grand Rabbin n'a jamais dit cela, c'est le secrétaire et le directeur qui ont parlé, « inventé », puis-je dire à sa place.

Ça y est, j'étais admise dans le monde faussé de personnes réellement dérangées. Franchement, je n'aspirais pas à ça, et je ne le souhaite à personne.

J'ai fait au moins 5 à 8 hôpitaux à Paris, j'appelais à l'aide, sauvez-moi. Mais j'ai compris aujourd'hui que personne ne peut te sauver, sauf toi-même. On est là pour soutenir, aider, mais le travail, 90 pour cent c'est toi même.

À la sortie de l'hôpital Beaujon, j'ai refait une TS dans mon lit, juste à côté de la chambre de ma mère qui dormait. J'attendais qu'elle s'endorme profondément pour aller piquer ses médicaments. Lorsque j'avalais, je disais « au revoir tout le monde » et je m'allongeais sur mon lit, je sentais mon corps partir. C'est ma grande sœur qui a appelé l'ambulance, j'étais de nouveau dans un autre hôpital, on m'a mise en gastro à Gonesse.

Je ne gardais même pas les aliments d'hôpital, ni l'eau, ni les médicaments, j'étais sous perfusion H24. Mon cœur aurait pu lâcher, à plusieurs reprises. Je suis une miraculée, enfin je pense, à vous de me le dire. Je gardais quelques bonbons et du lait, nourriture de bébé, et personne n'avait le droit d'y toucher. Ou bien quand je mangeais un petit peu, j'allais me faire vomir dans des toilettes publiques pour ne pas qu'on me voie dans ma chambre.

Un soir très tard, mon frère préféré Ethan est venu me rendre visite, et dès qu'il m'a vu, il s'est de suite évanoui. Les infirmiers étaient déjà sur place. Lorsqu'il s'est réveillé, les infirmiers lui ont demandé : « Monsieur, avez-vous des soucis de famille ? Comment allez-vous ? Monsieur dans le déni », il répond « tout va bien ». Sa belle-mère est venue à la rescousse à minuit pour le récupérer. Et en attendant, la terre entière l'avait appelé pour avoir de ses nouvelles. Et je me disais : pour les maladies physiques, on se dépêche de voir les personnes à l'hôpital, on s'inquiète, on panique. Mais moi qui suis à l'hôpital depuis des jours, on n'en a rien à faire, c'était limite normal. J'étais la bête noire. JE DÉRANGE !

Quelques jours après, j'ai eu un coup de fil. C'était la thérapeute familiale qui insistait pour que je vienne à un rendez-vous, car mes chers frères avaient des choses à me dire. J'ai dit non, j'avais peur. Mais elle a encore insisté. Je n'avais pas le droit de dire non, encore une fois. J'arrive à 20 heures au rendez-vous, toute la famille est là sauf mes parents et mon grand frère malade Yehiel (pour le protéger). Je m'assieds près de mon frère préféré. Il y avait un silence de mort.

Un de mes frères coupables commença à parler. Il dit qu'il avait vécu de l'inceste par ce fameux cousin monstrueux. Et qu'il avait menacé de me le faire, sinon il allait continuer. Il se mit à pleurer. Il s'était victimisé automatiquement et la thérapeute l'a dédouané. Mais il n'y eut pas un cri, une larme par contre pour leur petite sœur aimante qui avait subi autant de violences sexuelles…

Aucun son n'est sorti de leur bouche, aucune réaction, même pas quelqu'un a couru vers moi en me prenant dans les bras, paniquée, bouleversée « Non, ma petite sœur ce n'est pas possible ». Une minuscule reconnaissance, que peut-on faire pour réparer ? Je ne sais pas, inventez… Non, un silence de mort, pas d'interaction. Peut-être est-ce de la normalité ? Je ne sais pas, à eux de me le dire. J'espérais, je jugeais bon que quelqu'un dans cette purée de maison, un seul être, une seule personne allait dire avec son cœur et un mélange de colère, qu'à rester tranquillement assis sur leur chaise « je vais me venger pour ma petite sœur, ils vont le payer pour ce qu'ils ont fait, je vais m'assurer que tu ne vivras plus jamais ça ». Je supposais qu'on était une famille droite, et fidèle. Hélas non, ce n'est que dans les téléfilms où on venge sa petite sœur. Je ne sais plus ce qui est véridique dans ce bas monde, les familles loyales ou les téléfilms ? Il faut savoir que ce n'est pas un choix de pas avoir de proximité avec sa propre famille, cela s'impose à moi pour me protéger… Je connais l'esprit du sacrifice, en revanche, apparemment eux ne le connaissent pas.

Dans le judaïsme d'ailleurs, on nous inculque l'égoïsme ou le sacrifice ? À étudier…

La thérapeute intervint et dit que c'est au tour de mon autre frère de parler. Vas-y que celui-ci invente sur place ce qui s'est passé. Il s'est créé un scénario en deux minutes.

« Moi, on m'a shooté dehors, et après je l'ai fait sur ma sœur. » Les dires de la thérapeute : (je ne la nommerais pas thérapeute) « alors c'est à Keren d'aider ces frères à se reconstruire ». J'étais abasourdie, ma gorge s'est bloquée, mon cœur a arrêté de battre. Je revivais le viol sur le champ ! Au secours, personne ne dit rien ? Qui ne dit mot consent. Effectivement, personne n'a pris ma défense pour une énième fois. En ironie, de façon narquoise, j'ai balancé : « Oh, les pauvres, vous voulez des mouchoirs ? » et je suis sortie du cabinet et plus jamais je n'ai remis les pieds là-bas. Et encore, personne ne m'a couru derrière pour pleurer avec moi, pour se battre avec moi. Je ne digère pas… J'étouffe avec autant de peine. Allez-y j'ai l'habitude. Ce qui est étonnant et contradictoire, c'est que cette thérapeute avait évoqué à la gendarmerie lors de sa convocation – avoir eu du mal à installer des cadres dans cette famille qui connaissait « un fort climat incestueux et violent ».

C'est surprenant tout de même cette opposition.

Il y avait une expression qui m'avait marquée venant de cette thérapeute – malgré toutes ces contradictions – elle nous avait bien confirmé que ça puait la merde chez nous en nous disant ces propos-là exactement. « Quand on est bien à l'intérieur de la merde, on la sent ou pas ? »

Jadis, j'aurais pu moi-même le dire à sa place.

Donc pour protester : « Non, quand on est bien dedans, on ne le sent plus, on est tellement imprégnées. »

Or supposons que quelqu'un rentre, il va de suite identifier l'odeur et fuir. Bien sûr, ça m'a fait de suite penser au lien avec mon livre. Il faut qu'ils voient, qu'ils observent, qu'ils lisent leur merde d'extérieur pour voir que c'est un vrai poison, cette odeur toxique. Comme on dit : on ne peut rester longtemps dans la boutique d'un parfumeur sans en emporter l'odeur.

Mais sûrement qu'en sortant de ma bouche, ma vérité elle-même a mauvaise odeur… Mais je préfère tout de même ma fragrance.

Puis on m'a interné en psychiatrie de Gonesse. C'était une épreuve tellement douloureuse encore… J'avais l'air si méchante ? Si perverse ? J'avais l'air menaçante à ce point ?

Toute maigre, toute douce, toujours avenante… Je ne faisais pas de mal à une mouche, telle une libellule (comme disait mon docteur sauveur), mais c'est moi qu'on enfermait comme si c'était moi la violente. Tellement dur, tellement injuste.

À chaque fois que le psychiatre me donnait des médicaments anxiolytiques forts, je les cachais sous ma langue, et je le jetais aux toilettes. Il voulait m'endormir de nouveau ? Non. J'étais bien plus forte que ça. Je n'avais pas le droit au téléphone ni à mes propres sous-vêtements, je me sentais comme violée de nouveau. Dans cette chambre vide avec un seau jaunâtre à côté de mon lit pour faire pipi, dure… je priais au bon D… Qu'ai-je fait pour mériter ça ? J'entendais des cris de patients qui me foutaient la frousse, j'avais tellement besoin d'être protégée. Je me recroquevillais dessous mes draps, j'étais anxieuse.

L'heure du lever pour la douche, j'appréhendais beaucoup, car ça me dégoûtait d'aller après les autres. Mais j'essayai de calculer quand la femme de ménage finissait pour y aller direct après son passage… J'entendais des cris, des gémissements bizarres. J'étais tétanisée. Je serrais fort ma peluche en forme de grosse vache.

J'avais le droit de passer un seul coup de téléphone du bureau du psychiatre. J'avais décidé que c'était mon ancien directeur, que je considérais beaucoup. J'ai raccroché muette, car le psychiatre était méchant, il me disait que j'étais schizophrène. Je ne suis pas folle non !

Et le directeur de l'hôpital ne pouvait plus me garder, car mon grand frère venait de se faire hospitaliser en psychiatrie à Gonesse et on ne peut pas être de la même famille dans le même hôpital.

Donc par générosité et noblesse de cœur, disons, on m'offrit un billet d'avion pour aller quelques mois chez ma grande sœur Tova en Israël. Je n'avais pas le choix, enfin on ne me le laissait pas. Le billet était pris ! Au fond de moi, j'étais paniquée, car je ne pouvais pas annuler. Ça aurait été très égoïste et enfant gâtée pourrie de le faire, n'est-ce pas ? On t'offre un billet pour Israël et tu ne veux pas ? Quelle honte ! Petite capricieuse. Je me sentais donc bloquée, anesthésiée sur place et j'ai dit OK avec le doute sur ce qui m'attendrait.

J'y suis restée six mois et voici en quelques mots ce que j'y ai fait : le matin, je faisais le ménage de toute la maison : linge, repas de midi, repassage. Des fois, je sortais me balader en ville l'après-midi, mais je n'avais jamais d'argent sur moi, ma grande sœur criait fort dans la maison « Va travailler merde ! » alors que je ne demandais rien du tout… Surtout que ce que je faisais chez elle, c'était du travail ! Pour info, je ne m'amusais pas… On appelle ça normalement « fille au père » (au pair) n'est-ce pas ? Mais disons que là, j'étais plutôt « fille au sœur » ! Mieux vaut en rire qu'en pleurer, car l'humour est ma seule arme contre le sérieux de la vie, et même les blagues à deux balles…

Mais de temps en temps, je me voyais boire de la Javel tellement j'étais mal. Je ne voulais plus vivre. Ou survivre, comme vous voulez…

Elle faisait juste de bons repas de Shabbat, elle tenait ça de sa mère…

Un shabbat soir, on s'est baladé autour de la résidence en famille, ma sœur chérie, son mari et les enfants et qui voit-on ? Le cher cousin. Ma première réaction a été de me cacher derrière ma capuche en pensant que ma grande sœur ne lui dirait pas bonjour vu ce qu'elle savait. Hélas, je m'étais trompée. Elle s'est comportée comme une cousine aimable et bienveillante. Mon ventre s'est retourné et je suis entrée à la maison en disant à mon beau-frère : ta femme, c'est une vraie folle !

Elle rentre à la maison et me dit d'un air sarcastique :

Qu'est-ce qu'il y a, tu vas me faire la gueule parce que je lui ai dit bonjour ? Ton histoire, c'est comme du lait qui s'est renversé, regarde, elle m'a montré sur la table. Hop, un coup d'éponge et c'est bon.

Mon sang n'a fait qu'un tour, je suis allée au lit, dormir paisiblement…

Je me faisais encore beaucoup vomir chez elle, j'étais faible et maigre. Je ne mangeais que des bonbons dans la journée. Bref, ça a duré six mois et quand je suis rentrée, ils ont transféré mon frère à l'hôpital de Gonesse.

Alors je remercie mon grand frère, car j'ai changé d'hôpital, plutôt d'asile je dirais tellement j'ai vu de choses et j'ai aussi vécu tellement d'épreuves que je n'aurais pas dû voir ou subir… Je n'y pouvais rien.

Entre mon frère Yéhiel et moi hospitalisés, les pompiers de Sarcelles nous connaissaient bien à force. Cependant, sachez juste une réalité, c'est que l'on ne « naît » pas comme ça, on le « DEVIENT »...

En attendant, cette chère famille travaille toujours, fait le shabbat, et beaucoup de bien par ailleurs. Ils continuent leurs vies, vont à la synagogue – pourquoi ? Je ne sais pas. Un shabbat mon frère Akiva s'est retrouvé nez à nez face au cousin monstre, et que lui chuchote-t-il dans l'oreille ?

« S'il te plaît, Akiva, ne dis rien puis tu sais c'est normal de faire cela et surtout en famille. » Paraît-il qu'Akiva n'a eu aucune réaction.

Mais ce n'est plus dramatique aujourd'hui. C'est moi qui vais réagir, et m'en occuper ne t'inquiète pas, c'est moi ta petite crotte (c'était ça mon surnom !) qui vais tout dénoncer à sa place, vu que personne ne l'a fait.

Hôpital Robert Ballanger

J'ai atterri à l'hôpital Balanger. Arrivée là-bas, un docteur avec les lunettes sur le bout du nez m'enlève mon téléphone. C'est docteur Momo. Il dit à ma sœur de sortir du bureau. Il a été tellement gentil, protecteur.

« Et depuis c'est ma thérapie paternelle. »

La première semaine, j'étais enfermée à clef, seule dans ma chambre pour ne pas que je fasse de crises de boulimie et des TS. Et tous les jours, un médecin différent essayait de me faire parler. Mais je n'en supportais aucun. Et un beau matin, ce fut au tour du médecin que j'avais vu le premier jour de mon hospitalisation, Dr M. avec sa chemise à carreaux marron, beige et orange.

Ce jour-là, on aurait dit que j'avais enfin rencontré le père que je n'avais jamais eu… J'étais redevenu la petite fille de 5 ans, je faisais l'enfant avec ma capuche sur la tête, mes 34 kilos et mon gros, énorme nounours en forme de vache que je promenais partout. Il était drôle, et c'est très important cette qualité pour un médecin ça remonte le moral. Il rentrait dans mes jeux d'enfants. Il était humain tout simplement. Au départ, je blaguais beaucoup, mais lorsque je me suis sentie en confiance, j'ai donné mes écrits, une cinquantaine de poèmes. Dans son bureau, je faisais la gosse, je montais sur la chaise, je tapais sur son ordinateur. Je voulais juste montrer ma peine de cette façon, mais je pense qu'il avait très bien compris. Dr M. avait bien assimilé la situation.

Un docteur comme lui, il n'y en a pas deux. Il m'a gardé sous son aile alors que je n'étais pas dans son secteur… Quelle chance il a eue !

(Un peu d'humour), quelle chance j'ai eu qu'il m'ait suivi onze ans maintenant sans jamais me laisser tomber, avec tout le boulot qu'il a (responsable de CMP, psychiatre, père de famille, etc.). Il m'appelait trois fois par jour quand ça n'allait pas, même le soir, tard à dix-neuf heures s'il n'avait pas eu le temps dans la journée. Il est venu me voir à l'hôpital à Épinay-sur-Seine un samedi matin pendant 1 h et 40 m, il a laissé sa famille, il est resté plus longtemps que mon propre frère qui comptait tant à mes yeux.

Dr M. s'est occupé de monter un dossier MDPH, 80 % d'handicap. Ce n'est pas une paille, car oui se faire violer, ça détraque toute une vie, tout le cerveau et tout le corps, le cœur aussi. Et l'âme.

« Le stress post-traumatique », les insomnies, les cauchemars, les sueurs nocturnes, les TCA, les addictions, la fatigue chronique, les crises d'angoisse, la peur intense de tout ce qui peut vous paraître simple à vous, les difficultés à se concentrer, l'hypervigilance, etc. Tout ça, ce ne sont que des symptômes « invisibles », qui paraissent tellement invisibles pour l'entourage quand on ne l'a pas vécu. En revanche, pour moi c'est tout aussi bien visible que nuisible. Je boite de l'intérieur tout en donnant super bien le change avec ces 20 % qui me restent.

Tout commence par un bébé indésirable, après un enfant violé qui devient une adolescente à problèmes, et ensuite une femme complètement éclatée, abîmée. À mon sens, même si je fais mon maximum pour m'en sortir avec une thérapie bien cadrée, un psychiatre, une psycho-traumatologue, un psychologue pour la thérapie, du neuro- feedback, de l'ostéopathie, de l'EMDR et j'en passe, je ne m'en remettrais jamais. Je marche, je parle, je cours, mais sachez que je ne suis pas ici dans ce monde, j'ai plutôt l'impression d'être dans une espèce de coma. Je fais semblant, car je ne veux pas qu'on me prenne pour un délire. Je survis. La chaise roulante est au niveau de la tête, pas au niveau de mes jambes.

Je vais développer ce qu'est ma maladie invisible avec un exemple simple pour que vous puissiez comprendre un peu la détresse profonde que j'ai intérieurement. Je vous donne une image, imaginons deux femmes dans une maison. L'une vit l'inceste de son frère, l'autre s'est brûlé le visage et le corps. Toutes les deux ont vécu des drames irrémédiables. Bien sûr, on peut guérir, plus ou moins soigner leurs blessures, mais qui va-t-on aller voir en premier ? L'être humain va se diriger automatiquement vers la femme qui a été brûlée, car le monde extérieur voit avec ses yeux les brûlures. « Mais punaise comme ces brûlures t'ont abîmé ! Mon D... ton visage, ton corps, viens que je te panse ! » Tandis que la femme violée, ses blessures, ses brûlures, ces catastrophes qu'elle a pu vivre, elles sont au niveau de son cerveau, bien enfoui à l'intérieur. Évidemment, on l'examine et on va même lui dire « Madame vous n'avez rien », mais elle crie, elle hurle : « Pourtant, si, on m'a violée ! On m'a tuée ! Regardez les dégâts, aidez-moi ! »

Mais on lui répond : « Madame, on ne voit rien, passez votre chemin… » Ce que j'analyse, c'est que sur une femme brûlée on voit les conséquences tandis que sur l'autre on ne les verra pas, car elles sont au niveau de son âme, de son cerveau. De la même manière qu'un corps sans nutriment, sans eau, réagit mal et a des conséquences comme par ex : déshydratation, malaises, etc., et bien un corps d'enfant n'a pas à subir des relations sexuelles et qu'il s'agit d'un crime. Point. Et cela engendrera aussi des conséquences graves sur sa santé physique et psychologique. Il faut le dire en combien de langues ?

Et naturellement quelques années plus tard, on ne verra et on ne reconnaîtra plus que les « brûlures de son corps », mais la victime d'inceste n'a plus de marques, plus de preuves visibles…

Et la double peine qui s'ajoute c'est que ses proches vont la délaisser, car ils vont le vivre comme la honte de la famille. C'est ce que j'ai vécu. Non seulement j'ai été violée par cinq individus et en plus de tout ça, on ose me dire qu'on ne voit pas les conséquences. Ils ont l'insolence de dire que je suis capricieuse, que j'en fais trop. Quadruple peine. C'est pour cela que je dois me battre seule pour sortir. Je m'éduque seule, je me retrouve seule, comme si j'étais la pestiférée de la famille.

Mais je suis déterminée à me relever, même si tout cela m'a été prédestiné. Et tout ce contre je me bats, et ce que je me donne pour en sortir, je ne le fais pas pour moi, mais pour que d'autres femmes ne le subissent pas, et que le tabou soit enfin levé, comme disait Dr M « les non-dits ».

Je continuerais à mener cette bataille, car je suis optimiste, et que mes docteurs et ma mamie ont confiance en moi. Et surtout, le bon D. m'a envoyé ces souffrances pour que j'aide d'autres victimes à s'en sortir, sinon je ne vois pas pourquoi autrement. Je ne peux pas exprimer comment je me sens avec docteur M, protégée, petite fille, je sens que je compte pour quelqu'un d'important. Merci docteur M. pendant toutes mes hospitalisations, ma mère n'est venue me voir que deux fois. Peut-être autant de fois que lorsque je venais de naître. Dérision comme d'habitude. J'avoue, c'était préférable aussi pour ma santé mentale. À la sortie d'une de mes hospitalisations, j'entends ma grande sœur dire à ma mère tout doucement « Range tous les médicaments pour ne pas qu'elle fasse encore une TS ». À ma surprise, je vois sur la table de la cuisine des milliers de médicaments jetés sur la table. Ça voulait vraiment dire « ma fille, tue-toi, c'est ce qu'il te reste à faire, tu n'étais pas désirée de toute manière ». J'étais choquée, sidérée, je ne croyais pas qu'une mère puisse faire ça. Mon père aussi, je peux compter, cinq, six, dix fois où il est venu me visiter. Maximum en deux ans et demi. Mais je viens de comprendre qu'il ne voulait pas que je ressuscite, il venait en espérant que j'en finisse avec la vie et que je m'enterre avec ce secret qu'il gardait en eux depuis tant de générations.

Une fois, il est venu me voir à l'hôpital en me disant « C'est quand que tu reçois tes indemnités, ma fille ? » Il est sûrement venu me voir que pour me demander ça, tellement il était obsédé par l'argent. J'avais demandé pour quelles raisons ? Il me dit que mon hospitalisation coûtait 1200 euros. Je n'y croyais pas, j'allais vomir. Mais ma dissociation faisait en sorte que je sois sourde. Ça faisait tellement mal, ce n'est pas possible tout de même ? Je rêve ? Pourquoi à ce point, je devais payer toutes les dettes de cette famille ? Pourquoi on voulait mon mal à ce point ? Je suis l'enfant symptôme comme me disait toujours mon docteur M. – Le monde est un enfer pour les bons, et un paradis pour les méchants, à quand la justice ? – et le pire dans tout ça c'est que le gentil doit aller chez le psychologue pour apprendre à supporter les choses que font les gens mauvais.

Ce n'est qu'aujourd'hui, onze ans après que je commence à comprendre son fonctionnement de manipulateur. Peut-être conflit de loyauté.

Même quand cette chère famille venait me voir, j'avais le droit à des phrases assassines, comme : ton histoire c'est comme du lait qui s'est renversé, allez, hop on nettoie. Tes frères n'ont pas fait que ça dans leur vie. Je ne sais pas qui croire, mets-toi à ma place. Tout est de ta faute. Maman est tombée malade à cause de toi. Ta grande sœur a perdu sa vie à cause de toi. Etc.

Sachez que je n'ai pas demandé à venir au monde, juste pour information. Désormais, après autant d'années de bataille, de combat, et c'est loin d'être fini…

Le traitement n'est pas du tout terminé, ça va encore prendre plusieurs années. C'est comme une fonction exponentielle. J'avance malgré une partie de mon corps, anesthésiée, une partie comme « morte ». Et jamais je ne pourrais vivre comme tout le monde… Plus jamais.

Continuons à l'hôpital de mon docteur préféré, c'est plus gai – toujours voir le positif avec une touche d'humour. J'y suis resté deux mois et demi. Parfois quand j'avais des dates prévues de rendez-vous dans son bureau au premier étage, je faisais exprès de ne pas être là juste pour qu'il vienne me chercher dans la cour, comme une gosse. Je me sentais protégée dans son hôpital, sous son aile, je ne voulais même pas ressortir. Il y avait des jours où j'allais à la boulangerie de l'hôpital, et j'achetais des croissants, des pains au chocolat avec l'argent que mamie Anna m'envoyait par courrier, juste après le repas du midi pour pouvoir bien me remplir, et surtout combler ce manque en moi. Je courrais vite dans les toilettes de ma chambre s'il ne la fermait pas à clef pour pouvoir me faire vomir. Et si c'était condamné, j'allais dans les toilettes publiques.

Mais obligé, il fallait que je vomisse, pas possible de garder autant de nourriture en moi. Malgré que je ne tienne même pas debout, mes crises et mes vomissements me téléguidaient.

Lors de la pesée du matin, je mettais deux ou trois pulls, deux jupes, et je buvais deux litres d'eau et hop deux kilos en plus. Sinon je risquais de nouveau d'être séquestrée à double tour.

Il y avait ma prof d'hébreu qui venait régulièrement me rendre visite, ma grande sœur aussi. J'essayais d'être reconnaissante comme je pouvais envers les personnes qui me faisaient du bien, par exemple : quand j'avais dix ou quinze euros, la première chose que je faisais était de commander un petit cadeau pour ma professeure, ou bien d'acheter un gâteau personnalisé « merci » pour mon directeur à envoyer dans son école et monté dans son bureau, ou une petite surprise pour ma grande sœur envoyée à son travail. Je ne sais pas, j'inventais. De là où j'étais, de ma chambre d'hôpital avec mon petit téléphone, et mes 36 kilos entre la vie et la mort. C'était ma façon de dire merci avec les petits moyens que j'avais. Ça ne suffisait pas peut-être ? Alors, pour vous, qu'est-ce que la reconnaissance ? De tout accepter ? D'être en accord sur tout ? De passer ma vie à dire merci ? Ça y est, j'ai remercié, basta. Ou bien de ne pas porter plainte ? Un jour, vous me direz, c'est quoi votre définition des mots, gratitude et reconnaissance. C'était la guerre entre ce professeur et ma grande sœur. Cela me rajoutait à mes problèmes, car chacune me parlait mal l'une de l'autre, et elles attendaient que je confirme de quel côté j'étais.

Chaque fois qu'elle me rendait visite, il fallait qu'elle me dise un petit pic sur l'autre. J'étais déjà hospitalisé pour de graves traumatismes et elles m'en rajoutaient. Pourquoi me faire ça ? Pourquoi me rajouter, vous aviez quel âge ?

Il faut reconnaître que ce n'était pas évident. Je préférais être seule et qu'elles ne viennent pas. Ça devenait une tristesse en plus, une source d'angoisse avant qu'elles n'arrivent.

Mon psy me voyait dans des états de folie. Il a décidé de me couper tout lien avec ma prof et ma sœur pour me protéger. Ce qui est marrant, c'est que je me sentis soulagée, car je n'aurais pas osé pas le faire moi-même, pour ne pas les peiner.

Le sens de ma vie, c'est le don de soi

J'ai été abattue psychiquement de sang-froid parce que j'étais vulnérable, manipulable. Mais malgré cela, j'étais la psy des gens. On aimait bien se confier à moi. Les gens savaient que j'étais seule. Je vivais très modestement ou tout juste pour me nourrir, mais j'entendais souvent des gens me raconter leurs problèmes d'argent. Moi par contre j'avais 30 euros sur mon compte, mais en aucun cas je ne disais ça. C'était trop honteux pour moi de me rabaisser comme ça. Je ne dis pas ça pour faire Cosette, mais justement pour dire que je n'ai jamais rien laissé paraître. Ce que je ne saisis pas c'est pourquoi les gens adorent se plaindre aux gens qui ont moins qu'eux ? Avec ça, les personnes qui se disent pauvres vont à Cannes, à Nice, en Israël pour les vacances. Ils ont leur famille qui les aide, un mari qui bosse, je ne comprends pas ce qu'ils veulent chez moi. Le peu que j'ai, la résilience, la force de vivre qu'il me reste, j'ai l'impression qu'on veut me la prendre. Mais pourquoi ? Je ne sais même pas pourquoi les gens ne se contentent pas de ce qu'ils ont.

Parfois, j'étais tellement touchée par leur situation que je les croyais sur parole et leur donnais un petit billet, ce que j'avais pour vivre quoi. En fait, je me faisais avoir sans m'en rendre compte.

Je me donnais, je me sacrifiais de bon cœur. Ce n'est qu'après que ma grand-mère m'a dit qu'on profitait de moi. Elle m'a mis en garde à plusieurs reprises. Mon empathie allait me perdre (où est mon homéopathie ?).

Au final, j'avais plus d'empathie pour les autres que pour moi. Et puis comme je me faisais toute jolie et coquette, que je savais faire beaucoup de choses en tant qu'esthéticienne : des brushings, de jolis ongles, un beau maquillage – le bon D. ieu m'a donné ce don en petite récompense et j'en profitais, le hic c'est que de l'extérieur on pouvait supposer que je claquais l'argent à faire tout cela, car oui, être une femme apprêtée coûte cher. Or non, je ne dépensais rien pour tout cela, car je savais un peu tout faire.

De temps à autre, ma grand-mère voulait m'offrir quelque chose, mais je préférais garder en me disant : et s'il m'arrivait quelque chose de grave ? Mieux vaut garder ces sous pour le frigo, les placards… Ou alors je préférais donner à quelqu'un qui n'avait pas les moyens. J'ai connu le manque et je pense que j'en suis traumatisée. Et ce manque-là m'a tué profondément. J'essayais de faire ce que je pouvais, mais je détestais le gaspillage.

Je déteste, je hais faire de la peine, mais par contre mon entourage aimait bien m'en faire… Je préférais me faire de la peine à moi qu'aux autres.

La rencontre avec mes deux anges gardiens

La seule personne que j'attendais avec « impatience » et que je n'avais toujours pas rencontrée depuis 6 mois et qu'on discutait par SMS, c'était « mamie Anna ». Notre première rencontre, ce fut à l'hôpital de mon sauveur. Alors vous pouvez imaginer comment je me suis senti en sécurité entre mamie et docteur M. Mes deux anges gardiens pour la vie. J'étais contente et en même temps perturbée : « qui est cette dame ? » Va-t-elle m'abandonner comme les autres ? Est-ce vraiment elle avec qui je discute depuis 6 mois ? C'était encore une chance dans ma vie que peu de personnes ont.

Je suis reconnaissante envers Hachem, j'essaye toujours de voir le bon. Ce jour-là, mamie m'avait gâté de cadeaux, de crèmes, un joli pull jaune poussin, de l'argent, telle une vraie mamie ! Mais à cette époque je ne prenais pas encore l'argent des autres, ni de mamie, car je me sentais achetée, je lui avais donc remboursé. Au fur et à mesure dans la confiance, j'ai compris qu'avec mamie, ce n'était pas comme cette chère famille pour m'acheter ni pour me sentir redevable, loin de là. Aujourd'hui après 12 ans, elle ne m'a jamais dit « Après tout ce que j'ai fait pour toi, après tout ce que je t'ai donné ». Jamais de phrases qui me mettaient mal à l'aise ou qui me faisaient me sentir redevable. Et ce n'est qu'avec mamie que je me sens le mieux pour recevoir.

Mamie m'a tellement appris, elle a fait le travail qu'une « famille entière » n'a pas fait pour leur petite sœur soi-disant aimée…

Dès que j'ai su ma date de sortie d'hôpital, j'étais triste. J'avais peur d'être abandonnée de nouveau. Je pensais que mon docteur avait renoncé.

C'est mon grand frère préféré qui est venu me cherche le dernier jour, nous avons eu un rdv avec le Dr M. juste avant de quitter l'hôpital. C'était en me sentant sécurisée que j'ai évoqué les attouchements de ma mère dans la douche devant mon docteur et mon frère, et c'était drôle, car mon frère n'a pas été surpris du tout. Il avait même dit « je m'en doutais ». Mon docteur M. se souvient encore maintenant qu'il avait dit ça. Mon docteur m'avait rajouté aussi : tu mettras dix ans pour t'en sortir et voilà au bout de 12 ans, ce n'est pas encore tout à fait ça, mais on va vers la guérison. Et c'est ce que je souhaite de tout mon cœur à toutes les victimes.

La semaine d'après, je vais à mon premier rendez-vous médical au CMS d'Aubervilliers avec docteur Momo, et je m'en souviendrais toujours et d'ailleurs jusqu'à la fin de ma vie, il m'a donné une tapette sur l'épaule en me disant « allez, courage ». Ça m'avait fait un bien fou de me sentir comprise, soutenue. Il me disait souvent qu'il avait vingt ans de carrière, peut-être plus, et qu'une histoire comme celle-là, ce n'est vraiment pas commun. Quand il me disait cela, je me sentais moins folle.

Je ne suis pas retournée chez moi. Je suis allée vivre chez la belle-mère de mon frère préféré. Le week-end était embarrassant, car il fallait que je me force pour aller à table, discuter, faire comme tout le monde et aussi voir toute cette nourriture qui était source d'angoisse. Le deuxième jour, je n'ai pas réussi à faire semblant. J'étais sur le lit allongée, en train de pleurer, mon frère est venu auprès de moi sur le lit « comme un vrai grand frère ». Il a essayé de me consoler, mais je n'arrivais plus à respirer, je le sentais désemparé, je sentais que je dérangeais.

Il est sorti de la chambre, il me semble avoir entendu de la part de quelqu'un :

« Moi aussi je vais faire une TS comme ça, tu t'occuperas de moi. » Depuis ce jour-là, il n'est plus jamais venu de manière aussi bienveillante envers moi. C'était terminé. J'avais perdu aussi mon frère préféré. Il faut dire que j'étais aussi déçue d'avoir entendu ça, même choquée en me disant « j'espère que personne ne vivra ce que je vis ».

J'ai été là-bas quelques semaines, dont celle de la fête de Pessah, la Pâques juive. Paraît-il que la première nuit de Pessah est une nuit de protection – laissez-moi en douter… Quand j'étais petite, nous avions coutume de manger la matza et de boire les quatre coupes de vin assis sur des coussins autour d'une table basse.

Chacun son tour, et mon père qui traduisait en arabe. Je m'étais dit que pour mon livre, ils le liront peut-être, de la manière, chacun son tour, sans se précipiter, bien évidemment ! Avec un bon petit verre pour bien finir la soirée – une petite Boukha et un peu de boutargue – Lehaïm avec joie !

Nous chantions aussi le chant « DAYENOU » qui veut dire « Cela nous aurait suffi » et on doit le chanter 100 fois, alors répétez après moi !

« La DDASS m'aurait suffi » *dayenou*
« Les coups m'auraient suffi » *dayenou*
« Les mots qui tuent m'auraient suffi » *dayenou*
« L'inceste m'aurait suffi » *dayenou*
« La violence morale m'aurait suffi » *dayenou*

Et le meilleur pour la fin :

« Le traduire en arabe » *dayenou.*

Cela nous aurait suffi ou je le traduis en toutes les langues ? Ça va, c'est une bourde… En plaisantant, on peut tout dire, et même la vérité !

Je n'aimais pas cette fête et encore aujourd'hui, cela ne passe pas.

Ils ont été gentils de m'accueillir et je leur suis vraiment reconnaissante. Mais quand même, mieux vaut un petit chez soi, qu'un grand chez les autres.

Le travail, c'est la santé ?

Il me semble avoir travaillé avec mon frère que j'aimais beaucoup, toutes les matinées, pour voir si ça pouvait aller mieux.

Ethan exerçait dans la production de court-métrage, reportages photos et vidéos. Il a été contacté par les Chémouni pour qu'il leur fasse une vidéo de leur mariage, et bien naturellement il a accepté – lorsqu'il s'agit d'argent, c'est autre chose. J'étais allée lui parler, j'essayais de le convaincre : « S'il te plaît, ne travaille pas pour eux, pas pour des gens comme eux, je t'en prie, je t'en supplie fais le pour moi, pour ton grand frère Yéhiel qui est tombé malade à cause d'eux, ça sera de l'argent sale. »

Il me dit : « Lâche-moi, Keren, je ne bosse pas pour eux, mais pour leur argent. » La sidération totale, comme quoi l'argent pollue toute relation…

Peut-être qu'un jour tu me feras mon film à moi ? Tu penses que ce sera un bestseller ? À propos, j'ai bien vu ton film « bouleversant, qui t'a percuté », c'est comme ça que tu en as parlé et qui semblait avoir une si jolie morale à la fin ? Tu as mis 2 ans de travail à le faire ce film avec ton équipe d'enfer.

Par contre, tu me diras si mon livre qui a mis 35 ans à se construire aura une délicieuse morale ? Enfin, bref. Mais j'ai toujours été très fière de ton travail et je le suis toujours. (Dr Momo me dit toujours, c'est boff, son travail à côté de votre histoire…) À méditer…

J'appréciais les matinées avec Ethan, mais arrivée l'heure du repas, c'était le désarroi absolu. À midi, je ne mangeais pas avec lui. J'attendais que mon frère aille travailler en extérieur et j'allais à la boulangerie juste à côté acheter des tonnes de nourriture pour me goinfrer (toujours avec le prix minimal). Je repartais au bureau et je fermais les stores pour ne pas qu'on sache et qu'on voie ce que je faisais. Et après direction les toilettes…

J'étais éreintée, en même temps paniquée si mon frère savait que je faisais ça à son travail, donc dans l'impossibilité de travailler.

Un jour, nous discutions de tout et de rien jusqu'à ce que j'évoque ce sujet si tabou, si pesant, l'air pèse des tonnes, des tonnes : « Tu sais, un jour je vais écrire mon livre. » Il bégaie, il était en train de conduire et aurait pu faire un malaise sur place. Il me demande : « Tu écriras anonyme ?

« Ben non, pourquoi ? »

« Tu peux raconter toute ta vie, mais tu mets en anonyme ! » il insiste.

Mais moi aussi mon frère, j'insiste. Je ne mettrais pas « anonyme ». L'air rentre avec gêne dans mes poumons. Ethan, tu ne vois pas que je souffre ? Tu ne vois pas que je meurs en silence ? Je regarde le paysage par la fenêtre en pleurant, mais il ne voit pas. Il ne voit pas l'enfant meurtri. Il ne veut surtout pas la connaître, pourtant il sent des choses, une atmosphère lourde, encore plus forte que les mots, comme une chape de plomb.

Pas besoin de parler. C'est une histoire INTERMINABLE !

Ces choses que je vous raconte là sont de l'ordre d'un mal de vivre, depuis le premier jour de ma vie, depuis le premier battement de mon cœur. J'ai une forte envie de graver ces dates sur mon bras : la première serait ma date de naissance. La deuxième serait l'année de mes cinq ans où tout a basculé. Je compare ça à la Shoah, toutes les séquelles sont les mêmes. Ma survie, c'est le seul et unique choix pour vivre, survivre.

Il ne faut pas lâcher la bataille, se battre contre ce grand foutoir, je n'en peux plus, donnez-moi un mouchoir. Je poursuis le massacre de ce désordre inimaginable que cette chère famille a fait de moi. J'en reste sans voix. Peu à peu avec la thérapie, on a essayé de recoller les morceaux. Car pendant que je continuais les rendez-vous psy avec le docteur M., il me conseilla de faire une thérapie de longue haleine chez un psychologue kabile et très gentil à Aulnay-sous-Bois, Mohand Ameziane. Par la même occasion, il m'avait filé un fascicule de plainte avec de numéros contre les violences, mais je l'avais déchiré. C'était trop brutal.

Dr M. ne voulait pas que je rentre chez moi à Sarcelles, il disait que c'était trop néfaste. Il m'a cherché une clinique de repos pour pouvoir y loger, le temps que je trouve un appartement thérapeutique. J'ai accepté, car je lui faisais entièrement confiance.

Il y avait une place à la clinique d'Épinay-sur-Seine à quelques semaines près. J'y suis allé de plein gré. Mais mon D... quelle souffrance, quelle douleur de se dire qu'il fallait habiter dans une clinique plutôt que de rester chez soi. Mais à ce qu'il paraît, c'était pour mon bien.

J'avais donc décidé de me prendre en main, hospitalisation ainsi que ma thérapie chez le psychologue deux fois par semaine.

J'appelle le psychologue M. A. pour prendre rendez-vous, mais comme par hasard toutes les dates proposées ne me convenaient pas. Inconsciemment, je n'étais pas prête. Je le rappelle quelques jours après, et je vois avec lui d'autres propositions de rendez-vous, tout est OK entre nous, la date me convenait, mais à quelques jours du rendez-vous, ça ne me satisfaisait plus… Et je dus appeler pour annuler.

Et là M. A. me dit « si vous ne venez pas au rendez-vous, ne me rappelez plus ». J'ai donc maintenu mon rendez-vous, et commença ma thérapie il y a 13 ans, et je ne l'ai plus jamais lâché, ce 1er rendez-vous. J'y suis allé avec ma grande sœur qui m'accompagnait, car j'avais peur des transports quand la route m'était inconnue.

Hôpital
Deux ans à Épinay

Voilà que je commence mon hospitalisation pour 33 mois c'est-à-dire 910 jours. Et ma thérapie, qui allait durer 11 ans. Coriace, la petite… elle n'a pas lâché.

Ça a dû importuner la famille, car tous les conseils étaient bons pour « m'éloigner » de cette chère famille, et « libérer la parole ».

J'ai tenu bon à bien suivre ma thérapie pendant d'aussi longues années. C'est plus rude qu'un travail normal de tous les jours, je ne vous le ferais pas dire. Au troisième étage, il y avait même une pièce pour faire des électrochocs. Mon D… où est-ce que je vivais ? J'ai failli y passer, mais j'ai réussi à m'éclipser. Ce n'était pas pour moi, une fois de plus.

Hospitalisation, 2 ans maison de repos seule et démunie
Attention, âmes sensibles !

En maison de repos, c'était préférable de demander une chambre seule vu le contexte. Préparez-vous les esprits fragiles, car c'est délicat à lire.

Pendant ces hospitalisations, je demandais à être seule, mais parfois dans la vie, on n'a pas tout ce qu'on veut. Pas vrai ? Ce n'est pas à moi qu'on va dire ça, mais c'était une petite parenthèse pour rire. Car l'humour noir c'est de la colère maquillée.

J'atterris donc dans une chambre avec une patiente qui avait 101 ans. Elle marchait fréquemment dans la chambre, c'était magnifique à voir à son âge, elle faisait presque un marathon à sa manière. C'est ce que je souhaite sincèrement à ma grand-mère de cœur. Cette voisine de chambre était vraiment adorable, on discutait ensemble très souvent, elle avait toute sa tête malgré son âge. On apprend tellement des gens âgés. J'ai toujours apprécié la compagnie des personnes beaucoup plus âgées, certainement car je suis âgée dans mon âme. Il y a une partie de moi qui a cinq ans avec ma naïveté spontanée et de l'autre côté, c'est comme si j'avais cent quinze ans d'âge mental vu les expériences. Mais j'en ferai une belle revanche.

Après qu'on m'eut transférée dans une autre chambre, je suis tombée sur une patiente qui avait vécu aussi l'inceste de son oncle, puis encore une autre patiente qui avait été abusée par son beau-père. Pendant quelques mois, on a été très proches, on se prêtait nos robes, on se faisait des nattes, des brushings, on fêtait ensemble les fêtes religieuses comme on pouvait. Elles sont parties de la clinique bien avant moi.

Ce fut un petit passage où je me sentis un peu moins seule, car entre survivantes on se sent comprises. Sérieusement, dans les hôpitaux psychiatriques, maisons de repos, asiles, psy, etc., il doit y avoir plus de quatre-vingt-dix pour cent de gens qui sont tombés malades à cause de ce « virus » de l'inceste. Il faut tuer ce gros microbe avant que ça ne fasse de grosses infections, de grosses maladies comme : l'anorexie mentale, la boulimie, toutes sortes d'addictions, la fatigue chronique, la fibromyalgie, la dépression, l'obésité, le cancer, etc.

Ça tue de l'intérieur du corps jusqu'à l'extérieur et je parle pour les SDF et les prostituées aussi. C'est dur. Je sais et je sens que le bon D... m'a sauvée de choses super dangereuses et alarmantes et je lui en suis vraiment reconnaissante.

Comme les vomissements au bout de 15 ans qui peuvent causer des ulcères à l'estomac. Mais avant tout, je ne voulais plus faire de mal à la petite fille. Il m'arrivait de manger des piments volontairement pour être malade physiquement, car je souffrais que ma maladie invisible ne se voie pas. J'allais me faire vomir et ça brûlait autant que du feu tout le long de l’œsophage. Mais D... merci, j’ai juste une petite œsophagite après autant d’années de carnage dans mon ventre.

Pour mes dents aussi, ça aurait pu être pire, mais D... merci, elles ont à peu près tenu le coup – bon j’ai quand même deux couronnes et beaucoup de problèmes dentaires dus aux conséquences des TCA – mais garder le sourire est un art…

Et mes reins vont bien aussi, D…, merci.

D… m’a sauvée de la prostitution, l’homme aurait pu me tuer… Il était parti en me regardant.

C'est cette petite keren qui m'a sauvée avec sa foi en D…

Pareil pour les tentatives de suicide où j'aurais pu monter chez Hachem quinze fois. Mais il semblait qu'Hachem ne voulait pas de moi près de lui là-haut. Il voulait sûrement que j'aide des gens avec mon histoire, il attend de moi que j'en sorte du positif de toutes ces souffrances à soulager les survivants. Je fais mon maximum Hachem…

Et il reste mon cœur qui n'a pas lâché dans tous les sens du terme, c'est-à-dire physiquement avec toutes les TS et le manque de potassium des TCA, mais aussi avec le cœur en détresse qu'on a tué, il est toujours là, il survit comme il peut.

En fait, ce n'est pas vraiment mon cœur qui fait mal, c'est le manque d'amour et de tendresse. Ce n'est pas mon dos qui me fait mal, c'est le fardeau que je porte depuis si longtemps. Ce n'est pas mon estomac qui fait mal, c'est ce que je ne digère pas. Et puis j'ai mal au foie de ne pas pouvoir sortir, cette colère. Oh comme j'aimerais qu'on entende cette voix enrouée et toute cette injustice qui me pique les yeux… Donnez-moi de l'insuline !

J'étais hospitalisée pas si loin de chez moi. Tous les lundi et jeudi, j'avais rendez-vous avec M. A. le psychologue et le mardi soir, j'avais le droit à une soirée hors de la clinique. En revanche au départ je n'avais été autorisée à rien de tout ça, car les docteurs avaient bloqué tout contact avec la famille, et même avec ma mamie de cœur, Anna.

Mamie Anna avait le droit d'appeler pour demander de mes nouvelles, et nous pouvions nous appeler une seule fois, le dimanche soir. On s'écrivait souvent des lettres que j'ai encore. Ce sont des lettres en or pour tout vous dire.

Comme je me sentais seule, laissée de côté comme d'habitude. Je regardais tout, j'observais tout ce qui se passait dans cette clinique. C'est comme ça au début de tout renouveau. Je recommençais à prendre du poids, donc je me supportais de moins en moins. Je regardais des heures la nature par la fenêtre, me demandant si un jour j'allais sortir de tout ça. Quelle tristesse, à vingt ans, de faire le tour des hôpitaux.

À la levée de l'HDT (Hospitalisation à la demande d'un tiers), mamie Anna seulement avait le droit de venir me voir et de passer avec moi tout le mardi soir et le mercredi avec moi hors clinique. Comme j'étais tout excitée à l'idée de la voir.

Les premiers mardis, on allait chez moi à Sarcelles pour y passer la soirée, on allait au cours de danse orientale juste après avoir dîné chez moi et la nuit aussi.

Je tenais absolument à ce que mamie Anna parle à mes parents, leur explique les conséquences, etc., en pensant qu'ils pouvaient évoluer et changer. Mais non !

Chaque fois qu'on y allait, je n'étais pas dans mon assiette, après donc, nous avons pris la décision de ne plus y aller le mardi lorsque mamie Anna venait me rendre visite.

Mamie Anna payait l'hôtel à chaque fois qu'elle venait. Elle venait régulièrement, de Normandie.

Elle venait toujours avec des petites surprises, ou même parfois des grosses, ça dépendait. Elle m'offrait les restaurants, de jolis vêtements, etc., et quand elle rentrait chez elle, j'étais perdue. Mais jamais elle ne m'oubliait de là où elle était, en Normandie. La télé m'avait été offerte par Anna et j'avais le droit de recevoir de gros colis pleins de belles choses et quelle joie !

D'ailleurs, je ne regardais même pas, je ne pouvais pas du tout me concentrer, mais elle me l'avait offerte quand même, car elle savait que son bruit me rassurait. Quelle générosité cette mamie.

Elle mettait des sous sur le compte que j'avais à l'hôpital sans que je sache. Et bien sûr, elle me payait mes séances chez le psychologue. Chose que mes parents auraient dû faire. Mais quand je parlais à mon père de psychologues, il me disait « C'est cher, ça ne sert à rien ». On pouvait constater que mon père voulait vraiment que je m'en sorte.

Mamie Anna me mettait des sous cachés dans la chambre pour que je puisse me prendre autant de cafés et de thés que je désirais... elle me le disait par SMS. À chaque instant, je sentais mamie dans ma chambre, dans ma thérapie, dans mes vêtements. Quand je prenais mes petits cafés, je la sentais partout. Merci mon ange tombé du ciel.

Mamie m'envoyait des colis remplis de chocolats et de bonbons de la liste kashere, des thés de divers goûts, des cadeaux, et des magnifiques bouquets de fleurs avant chaque fête juive. On peut pas dire qu'il n'y en a pas beaucoup, lol.

Les mardis où mamie ne pouvait pas être présente, j'allais à Sarcelles seule. Je m'organisais pour pouvoir faire des achats compulsifs de nourriture et pour ensuite les amener à la clinique. Je faisais une grosse crise de boulimie vomitive le matin lorsque ma chère mère allait au marché, pour ne pas être plus maltraitée par elle, par-dessus ma souffrance.

C'était un moment à moi, où je parlais à la nourriture en cachette, où je lui criais mes souffrances. Je ne voulais pas qu'on me brutalise, juste de la tendresse. C'était violent ces crises, même pour moi-même, ne croyez pas.

Lorsque je cuisinais des plats pour les ramener, je passais par tous les états, euphorique, angoissée, triste, mais rien ne m'arrêtait.

L'heure d'entrer en clinique, j'avais peur que toute la ville voie mes sacs de nourriture. Je cachais tous les Tupperwares de repas avec plein de vêtements. C'était lourd, plus lourd que moi ! Surtout que je pesais à peine quarante kilos. Avec deux gros sacs, un dans chaque main, mon front était tout mouillé et des gouttes dégoulinaient tellement que c'était pesant.

Je vais vous détailler le contenu d'un sac, attention, ça peut faire peur :

– Deux gros sandwiches boulettes avec plein de salade ;
– 2 Tupperwares de spaghetti sauce tomate avec saucisses ;
– Du poulet avec des haricots verts et des champignons ;
– Des paquets de biscuits, des chips, des canettes de Coca ;
– De la pizza.

Dès que j'arrivais à la clinique, je cachais un sac derrière la porte du secrétariat. Ouf, soulagement dès que j'ouvrais ma porte de chambre avec ma soupape de sécurité, la nourriture. Pas une seconde à attendre, je faisais ma crise de boulimie de toute cette pression et angoisse que j'avais besoin d'évacuer, jusqu'à ne plus pouvoir marcher. J'ingurgitais tout ça rien que pour mon petit estomac en trente minutes, même pas. Puis j'allais me faire vomir et me laver, car je sentais quelque chose de dégueulasse en moi. Le rituel après ma crise de boulimie vomitive c'était de prendre une douche, puis de faire le ménage à fond. Je me sentais sale et j'avais ce désir de me décrasser à fond. Même exténuée, je continuais quand même. J'allais au lit, brisée de fatigue. J'avais toutes les nuits des cauchemars, des sueurs nocturnes, des réveils en sursaut. Je pense que je n'ai jamais bien dormi de ma vie, même aujourd'hui à 34 ans. C'est quoi une nuit apaisante ? Qu'est-ce que bien dormir ?

Le matin, le médecin circulait dans les chambres de patients. Il fallait dialoguer. Je ne l'aimais pas, alors je faisais semblant. Lorsque j'étais dans un état de détresse, le seul docteur que je pouvais appeler était D.M.

Je pouvais l'appeler, le déranger trois fois par jour en pleurs. Il répondait à tous mes coups de fil. Même s'il avait 3 boulots différents, il finissait toujours par me rappeler. Il était si humain, le vrai père que je n'avais jamais eu.

Une nuit, j'étais très en colère, avec beaucoup de rancœur, mon âme saignait, je cherchais à tout prix à me venger de tout ce que j'endurais, j'inventais une petite vengeance, mais à côté de tout, ça, c'était du pipi du chat. J'avais appelé un restaurant cachère sur Epinay en passant une énorme commande : 2 grandes pizzas, frites, panini, fondants et coca à moi seule, en disant de mettre la note sur le compte d'un de mes frères. OK, madame, c'est fait !

Toute la livraison arrive devant la porte de la clinique or il était interdit d'entrer de la nourriture de l'extérieur donc on a tout jeté. Je voulais juste qu'il paie un tout petit peu pour ce qu'ils m'avaient fait. C'est vraiment le cas de le dire, mais bon 60 à 70e ça ne paie strictement rien du tout à côté de 30 ans de souffrances. Jamais plus je n'ai retenté de me venger, car cela ne sert véritablement à rien, à part d'ajouter de la noirceur dans mon cœur, et je ne veux en aucun cas être comme eux et « en supplément », je le fais à contrecœur. La vengeance est la volupté d'une âme petite et basse. Aujourd'hui, je laisse entre les mains du bon D… On me dit souvent que c'est lui seul qui gère. Bref, continuons avec le bon D…

Le matin, je continuais à prier au Saint-Béni, soit-il malgré toutes mes souffrances qui m'arrivaient, non-stop. Je ne sais pas comment je faisais pour continuer à prier malgré tous. J'écrivais beaucoup aussi le matin, avec la musique à fond. Je vivais dans mon monde, car l'autre me faisait peur.

Je m'habillais, je me maquillais, je me faisais toute jolie. Les infirmiers, les patients, les gens qui m'étaient proches, pensaient que c'était de la comédie que je jouais. Toi tu es malade ? Tu n'as pas l'air si mal, dis-donc.

Parce qu'en fait, il ne faut pas prendre soin de soi dans un hôpital ? Déjà qu'on ne le fait pas pour toi, pour qu'on voit ta souffrance, il faut se montrer sale, avec des vêtements déchirés ? C'est vrai, ça fait plus pitié certainement…

Mais je ne cherchais pas ça justement.

À midi, je partageais mon repas avec des patients avec toutes sortes de pathologie plus ou moins grave, des patients qui criaient fort, qui rigolaient fort tout seuls, qui parlaient avec ma grosse peluche en vache, je croyais rêver. Parfois, je ne mangeais rien, et d'autres fois j'avais des crises de boulimie en prenant les repas des patients en cachette, qui ne voulaient pas déjeuner. Je les prenais comme une voleuse.

Dans la clinique, certains patients faisaient très peur. Il y avait une Africaine qui se peignait tout en blanc sur le visage et le corps – ça faisait flipper ! Ça faisait 7 ans qu'elle était dans cette clinique. À ma table, un monsieur en face de moi ne parlait jamais. Quelques jours après l'avoir rencontré, il s'est pendu dans la chambre d'à côté, bonjour l'angoisse ! Une autre fille de mon âge qui volait dans les chambres, je la voyais du coin de l'œil.

Tous les après-midi, soit je sortais faire un tour, soit j'avais rendez-vous avec mes psys. Ou alors je restais au lit, attristée. Voilà la vie d'une jeune fille épanouie… (dérision)

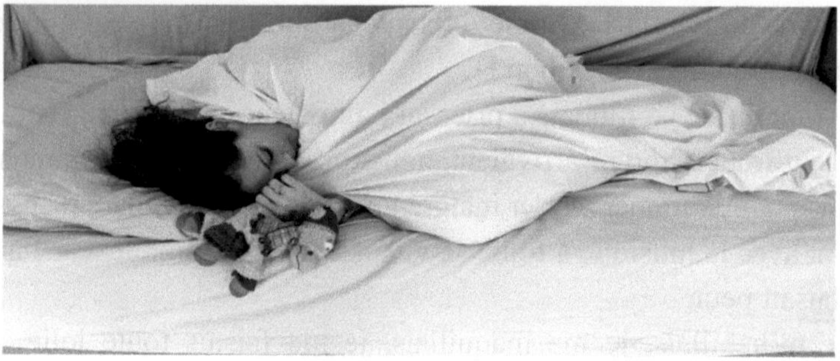

Ah oui, que je n'oublie pas, je farfouillais dans tous les magasins de la ville pour trouver la nourriture la moins chère, pour pouvoir faire des crises de boulimies pas chères, car je n'avais pas les moyens.

J'avais par exemple trouvé un immense marché qui vendait un poulet (d'ailleurs pas super cuit) à cinq euros. J'hésitais entre faire ma crise avec mes cinq euros, ou bien m'acheter des thés à la clinique, ou encore acheter un petit cadeau pour ma mamie.

C'était un dur boulot (ironie) ! Finalement, j'allais l'acheter, je repartais à la clinique, et j'allais dans la salle de bain le manger, l'engloutir. J'étais en colère contre le bon D… Qu'est-ce que c'était dégueulasse, et pourtant je continuais quand même à dévorer ce poulet avec colère, avec larmes, avec dégoût. Je m'écœurais moi-même. Ah là là, que les crises m'ont coûté cher, c'était très salé. Que ce soit matériellement, physiquement, et moralement. Ou bien j'allais au

McDonald juste avant la fermeture des portes de la prison. Il faisait nuit, je commandais pour dix, il fallait que je comble ce cœur vide, cette âme blessée. Les serveurs hallucinaient, les yeux écarquillés « Vous êtes seule madame ? » J'en avais honte, mais rien ne m'arrêtait, c'était une spirale infernale qui ne dépendait pas de ma volonté. Et voilà, j'ai vécu ce gouffre toutes les semaines pendant deux ans et demi.

Je pouvais me faire vomir n'importe où, dans un sac poubelle, aux toilettes publiques, dans une salle de bains. Quelle amertume. J'avais honte de moi, de ma maladie que je cachais. Cette maladie, c'était un appel au secours, je souffrais en silence et dès que je ressentais quel que soit l'émotion, je la recouvrais en mangeant, en m'étouffant avec. Il y a un lien avec l'inceste et avec les viols, ce livre vous l'expliquera.

J'avais vécu plusieurs viols à répétition, j'avais vécu la mort imminente, et de plus cet enfer d'hospitalisations, ça y est, j'avais dépassé la barre des super-héros.

Mon petit séjour en liberté chez Mamie

Mes petites vacances hospitalières se faisaient chez Mamie Anna. Gentille, attentionnée comme elle est, elle venait me chercher à la clinique en voiture, on repartait tout de suite chez elle pour quatre heures de route avec son compagnon qui acceptait aussi tout ça. Je le remercie encore de tout cœur, merci, Étienne.

Étant de confession juive, Anna respectait tout. Elle avait étudié tout sur les aliments cachère sur la liste de consistoire, sans même que j'ai eu besoin de le lui demander. Elle commandait sur Internet la viande cachère, les fromages.

Les casseroles venaient de chez moi, car il fallait qu'elles aient été immergées dans un bain rituel pour ustensiles. Elle avait tout accepté, tout respecté. Une comme elle, il n'y en a pas ! Les premiers jours dans sa petite maison, si sereine, je ne sortais pas de ma chambre, je ne parlais pas, c'est comme si je ne savais pas où j'étais. Anna respectait mon silence chez elle. C'est quand je me suis un peu plus ouverte que nous avons commencé à faire des sorties ensemble. Des sorties comme je n'en avais pas fait enfant, moi qui avais été privée de tout petite. Ainsi nous allions donner à manger aux animaux, voir l'aquarium de Saint-Malo, nous allions voir le moulin et les vaches qui meuglaient de bon matin dans l'odeur de fumier, ou encore aller nourrir les ânes. On allait faire des tours en bateau, on traversait Saint-Malo, puis Dinard. Elle m'amenait à la plage, à la piscine, je faisais la gamine avec mes galipettes sans savoir nager. Il faut dire qu'à l'âge que j'ai 34 ans, bientôt 35 ans, je ne sais toujours pas faire de vélo et j'ai même l'angoisse de monter dessus. Je ne sais pas faire de la trottinette, je ne sais pas nager. Je ressens un grand décalage avec mon entourage par rapport à ça, mais je fais semblant, car chut, il ne faut pas le dire ! Je n'ai pas non plus le permis, mais bon ça va, j'ai le permis de poussette, c'est déjà pas mal ! Disons que mes parents m'ont appris à être autonome d'une autre manière.

Durant nos vacances, Anna m'a aussi fait visiter le musée Dior, de magnifiques jardins, à la synagogue de Rennes, prendre une glace chez Haagen Dasz. Unique cette mamie.

Une autre fois, elle m'avait amené un week-end à Granville dans un super hôtel avec sauna, spa, massages, etc., la totale quoi. On avait adoré !

Au bout de deux semaines de vacances chez Anna en Normandie, elle a dû me raccompagner dans ma clinique, jusqu'à ma chambre avec ma valise.

Impossible de lui dire au revoir correctement, le sentiment d'abandon était tellement fort. La gorge nouée, je lui ai dit de partir tellement c'était douloureux.

Ma seule manière de protection c'était le silence radio. Je ne voulais plus lui parler ni lui envoyer des SMS, j'ai effacé son numéro, plus aucun signe de vie. Lorsqu'elle m'écrivait, je disais dans ma tête, tu m'as abandonné mamie dans cette clinique et là tu m'envoies un SMS ? Tu me jettes, mais pourquoi ? Encore une autre souffrance, j'aurais pu mourir sur place.

Je m'étais scarifiée de douleur, j'avais besoin de sentir une vraie douleur physique. La douleur psychique est indescriptible, ce n'est pas palpable. Moi j'ai « mal à l'âme ». J'ai tout le temps mal à l'âme. Ça ne peut pas s'expliquer. J'avais dit à ma voisine de chambre de me soigner, elle avait appelé en urgence les infirmiers qui avaient aussitôt traité la blessure. Mais aussi et pour la première fois, enfermée en chambre d'isolement. Une chambre d'isolement, c'est plus petit qu'une salle de bain. Il y a une minuscule fenêtre à barreaux, le matelas est par terre, il n'y a pas de draps, et même les vêtements ne sont pas autorisés, juste une blouse. L'enfer quoi, pire que la prison. Même avec un animal, on se comporte mieux. Je ne suis restée qu'une nuit cette fois-ci.

Quelque temps après, je voulais me laisser mourir de faim, je ne mangeais strictement plus rien, c'étaient des phases, jusqu'à ce que mon taux de potassium soit de nouveau très bas. On m'a transporté en urgence à l'hôpital, car mon cœur aurait pu lâcher et il me fallait une perfusion tout de suite.

À l'hôpital, j'attendais beaucoup après mon grand frère Ethan, je voulais son attention, son amour. Amour protecteur d'un grand frère, je préfère préciser, on ne sait jamais comment certains peuvent l'interpréter.

Les infirmiers l'ont tenu au courant, mais à minuit, encore personne ne m'avait rendu visite. Chaque porte qui s'ouvrait, je guettais. Mais hélas personne pour toi ma petite… J'envoie un SMS à mon grand frère : « Tu es où ? » Il m'a répondu : « Je suis au lit. » Est-ce que c'est inhumain ou j'en rajoute ?

Je ne peux même pas vous dire, vous exprimer dans quel état de détresse j'étais. Mais quel chagrin… Je ne suis resté qu'une seule nuit, le lendemain j'allais mieux et j'étais de retour à la clinique. C'était tellement triste de voir que je ne comptais pour personne. (C'est un des plus fâcheux sentiments) J'aurais pu mourir et personne ne se serait déplacé pour me dire un mot avant que je parte.

Vers la fin de mon hospitalisation, une copine d'école est quelquefois venue me rendre visite à la clinique. Ça m'avait fait très plaisir et je l'en remercie encore. Une autre amie d'enfance m'envoyait des cartes de New York pour me dire qu'elle pensait à moi, et jusqu'à aujourd'hui elle est près de moi avec toute sa bienveillance. Merci, M. E.

Un jour, un individu avec barbe et chapeau est venu me rendre visite à l'hôpital. Comme on dit chez nous, un émissaire du bon D. ieu et du Rebbe. Dans la Torah, il me semble que rendre visite aux malades est une très grande mitsva (commandement). Mais il s'avère qu'il était venu pour autre chose que cette bonne action…

Je le connaissais depuis quatre ans, il ne m'avait jamais fait cela, mais sûrement, car on n'était pas en société. Il entre dans la chambre, ferme la porte et me demande comment je vais. Il savait ce que j'avais vécu, ce qu'il me demandait était vraiment bestial.

— Dis-moi, quand ils t'ont violé, est-ce que tu as ressenti du plaisir ?

J'ai failli vomir sur place. Il a rajouté :

« Viens devant moi, tourne-toi, que je te vois. » Était-il venu pour rincer ses yeux de pervers ? Moi tétanisée comme si j'étais redevenue une petite fille de 6 ans, j'ai fait ce qu'il désirait tout en étant paralysée, pétrifiée. Je faisais semblant de continuer à bavarder et dès qu'il a quitté la chambre, j'ai appelé mon psychologue et Dr M. Je lui ai raconté cette visite, ce qu'il m'avait dit et comme j'avais eu peur. Dr M. a dit à l'infirmerie de l'interdire de revenir et de bloquer son numéro. Il avait bien vu ma vulnérabilité, j'étais seule. Ne fais confiance à personne, religieux ou pas. Un sadique pervers peut se déguiser avec une barbe et un chapeau.

S'enlacer sans jamais s'embrasser

C'est dans cette clinique que j'ai eu mon premier flirt. Ça m'avait complètement secouée. « De toi, Keren, on tombe amoureux ? »

C'était un grand jeune homme d'1M90. Il avait beaucoup de charme, de prestance. Il faisait les grandes écoles de Paris, Science Po. Il s'était renseigné pour savoir si j'étais seule. Et il s'est décidé à venir bavarder avec moi. Il m'offrait des chocolats, des fleurs dès qu'il avait une permission de sortie.

Il était sidéré que personne ne vienne me voir alors que sa famille venait lui rendre visite tous les deux jours. Il était tellement attentionné. Ce furent de beaux moments dans cette hospitalisation, on va dire ça comme ça. Il faut toujours voir le bon… Il n'est pas resté longtemps, dommage…

La famille ne doit pas être parfaite, elle doit être unie quoi qu'il arrive, n'est-ce pas ?

Pendant deux ans, ça a duré comme ça, jusqu'à ce qu'un beau jour l'histoire familiale éclate à nouveau. Une amie proche a appelé ma belle-sœur sans me demander l'autorisation et lui a balancé en deux-trois mots :

« Bonjour, votre mari a fait quelque chose de grave » et lui a raccroché au nez.

Et là, désastre familial, les cris, le bouleversement complet. Chacun s'appelle pour savoir ce qui a bien pu se passer dans cet appartement. Et pourtant, pas une seule personne ne m'a passé un coup de fil pour savoir comment j'allais. Pas une seule personne.

Dans ma chambre d'hôpital, seule, abandonnée, je me sentais coupable de toute cette situation. J'attendais un coup de fil qui me dise : « Keren, je suis désolé pour toi, tu n'y es pour rien d'accord, tu es la victime. » Juste de la reconnaissance, un petit peu.

Mais hélas, rien, personne, aucun signe de protection, de bienveillance. Alors tout de suite je me lance des phrases assassines : « Keren, tu fous la merde, regarde ce que tu fais dans toute la famille, c'est ta faute tout ça. »

Je tourne en rond dans ma chambre sombre, j'ai peur, j'appelle à l'aide, venez me consoler. J'aurais tellement voulu qu'on me prenne dans les bras et qu'on me dise que cela n'était qu'un mauvais rêve. Shabbat a commencé et je n'ai plus eu le droit au téléphone. On m'a laissé comme ça, jetée comme un chien là-bas avec ma culpabilité. J'ai fait de nouveau une TS, très grave cette fois-ci vers samedi fin d'après-midi. Je ne voulais plus vivre, plus ressentir de douleurs dans ce cœur écorché.

On a essayé de me voler mon âme, mais j'ai toujours cette âme de petite fille. Alitée, je ne répondais plus à mamie Anna, j'ai tout avalé, et j'ai dit au revoir dans ma chambre d'hôpital.

Mamie Anna a senti qu'il se passait quelque chose de tragique, car elle me connaissait comme si j'étais sa propre fille.

Elle a appelé le secrétariat : « Bonjour, Keren ne répond pas au téléphone, pouvez-vous me donner des nouvelles ? »

L'infirmerie : « Bonjour Anne-Marie, ça suffit d'appeler, vous mettez la pression sur Keren, elle va bien, elle se promène actuellement. » Elle a dit ça alors qu'à l'instant même j'étais en train de mourir sur mon lit. Faute professionnelle grave.

Au bout de deux heures comme je ne répondais toujours pas, mamie a recontacté le secrétariat : « Je sens que j'ai perdu Keren, s'il vous plaît, allez voir comment elle va ! »

Et là, ils sont venus dans ma chambre et m'ont vue dans un état macabre. Ils me donnaient des claques, me secouaient, me jetaient de l'eau sur le visage, mais je n'étais plus là.

Je ne souffrais plus du tout. Quel bien-être… C'est triste de dire ça, mais parfois, j'aimerais encore ressentir ce moment-là…

Pompiers, ambulance, tout le monde est venu pour me monter dans le camion et je suis arrivée aux urgences. J'y suis restée une nuit pour faire un lavage et ça allait mieux, enfin physiquement. Le lendemain, je repartais à la clinique, mais en arrivant j'eus l'amère surprise de voir ma chambre dans un état lamentable, renversée comme si qu'il y avait eu un cambriolage. J'ai eu super peur, je n'arrivais pas à comprendre. Surtout qu'il est interdit de faire ça dans une chambre d'un patient. Encore une fois, j'avais l'impression de ne pas compter, d'être invisible.

Je me mis à tout ranger, avec encore cette impression d'être la bonniche.

J'étais tellement abattue que personne ne m'ait fait un signe pour me dire que je n'étais coupable de rien. Toute la semaine, j'ai évolué dans une mélancolie à me tuer. Mamie Anna a décidé de venir me voir le vendredi matin pour passer le week-end près de moi.

Je me réjouissais à l'idée qu'on s'approchait du début du week-end pour que je puisse la voir. Hélas vendredi tout a basculé, je n'ose le raconter c'est d'une frayeur épouvantable à lire.

En attendant, j'avais reçu un coup de fil drôlement intéressant. En décrochant, j'entends la voix si douce et mielleuse de ma grande sœur

Tova. Naïvement, j'espérais que c'était parce qu'elle se tracassait pour la santé de sa petite sœur chérie qui venait tout juste de faire une énième tentative de suicide.

Rions un peu, voilà ce qu'elle me dit :

« Bonjour, ma sœur, je voulais te demander si tu pouvais me prêter ta carte vitale pour aller chez le médecin pour des bas de contention. C'est possible que je passe sur ton compte ? » Elle m'avait appelé pour ne pas payer la consultation !

Aujourd'hui, j'en ris avec sarcasme, mais sur l'instant même, j'étais estomaquée, ma voix s'est coupée, plus de son, plus de bruit et j'ai raccroché au nez. Depuis ce jour-là, ce n'est plus ma sœur et je ne l'ai plus jamais appelé.

Et d'ailleurs à ce propos, j'avais relu sa lettre qu'elle m'avait écrite il y a quelques années de ça, elle avait barré la moitié du texte en rouge par amour, lol, j'ai essayé de relire par-dessus une fenêtre avec la lumière du jour et j'ai réussi à lire les mots barrés c'était :

« Ma sœur que j'aime beaucoup. »

— Reviens quand tu veux et j'en passe. Personne ne peut d'écrire l'amour inconditionnel qui unit des sœurs. « Toi et moi on est sœurs, souviens-toi que si tu tombes, je te relèverai. » MAIS DÈS QUE J'AURAIS FINI DE RIRE. Mieux vaut en rire que pleurer.

Le vendredi d'après arrive, ça va foutre des frissons, je vous préviens. J'étais apprêtée, le sac était fait, il ne manquait plus que mamie Anna. Le psychiatre de la clinique rentre dans ma chambre et me dit :

« J'ai contacté Anna, je lui ai interdit de venir. » La terre s'écroule, un coup de massue.

« Non, pitié, ne me dites pas ça après ce qui s'est passé, vous n'avez pas le droit ! » Il continue très sec « C'est comme ça, Keren. » J'insistais : « Elle est âgée, elle doit être fatiguée du trajet de Normandie, quel manque de respect ! »

Il sort en parler avec les infirmiers, puis rentre et me dit : « Elle ne restera qu'une heure. » Je commençais à perdre tous mes moyens, à vouloir l'insulter, lui cracher à la figure, tant c'était un médecin sans-cœur.

J'ai attendu qu'il sorte de ma chambre, j'ai enlevé les photos sur le mur avec colère et haine en même temps, j'ai jeté mes livres un peu partout dans ma chambre, et j'ai cassé mon poste de musique sur le sol. Et je pleurais, je pleurais. « Ce n'est pas juste, pourquoi dois-je encore mériter ça ? » J'étais extrêmement troublée par cette situation.

Ma mamie entre dans la chambre et je hurlais, je hurle « Mamie, fais quelque chose, s'il te plaît ».

Mamie dit : « Ma puce, viens, on profite de cette heure que l'on a ensemble ! » Je hurlais : « Non, non, ce n'est pas juste, je vais tout casser ! » Elle me prend fort dans ses bras pour me calmer, pour consoler ce cœur déchiqueté. Elle me serrait tellement fort que je ne pouvais plus bouger un bras. Mais elle n'y pouvait rien, pauvre mamie.

La porte s'est ouverte avec la directrice qui a haussé la voix pour pouvoir être entendue : « Vous allez en isolement ! ». Madame Mauvaise était accompagnée de cinq infirmiers de chaque côté d'elle.

Ils m'ont arraché des bras de ma mamie : « Venez avec nous », avec autant de barbarie que dans un film violent. J'ai crié : « Non, non, je ne viendrai pas. » Il ne faut pas oublier que j'étais toute maigre et qu'ils se sont mis à cinq de chaque côté de moi pour m'emporter de force dans la chambre d'isolement, comme si j'étais une schizophrène.

Ils n'ont même pas eu honte d'agir avec autant de violence devant mamie, ça devait être terrible de me voir comme ça sans pouvoir rien faire. Sans rien pouvoir dire.

Ils m'ont portée des deux côtés pendant que j'essayais de me débattre avec le peu de force que j'avais.

Je les bousculais avec mes bras tout maigres, j'essayais de leur donner des coups de pied. « Lâchez-moi, mais lâchez-moi », je hurlais dans le couloir, « Au secours, mamie, ne me laisse pas ! » De ma chambre à la chambre d'isolement, il y a 300 mètres. Ce trajet peut vous paraître court, mais il m'a paru interminable.

Puis ils m'ont jetée sur leur matelas qui puait et m'ont fait une piqûre aux fesses avec une seringue qui faisait 10 mètres de long. Et paf je me suis de suite endormie.

Et me voilà de retour en enfer, « séquestrée pendant un mois » dans la chambre qui rend fou. On appelle cela « le trou à rat ».

Chambre d'isolement, chambre de prison, je dirais.

Vendredi, ma petite intuition m'a dit de prendre discrètement ma puce de mon téléphone quand mamie Anna était dans la chambre.

J'ai pris la puce de mon téléphone en me disant que peut-être quelqu'un me remettra son téléphone si je sors de cette chambre de prison ne serait-ce que deux heures. Je l'ai cachée dans mes sous-vêtements, qu'ils m'ont demandé d'enlever d'ailleurs avant leur piqûre. Donc je l'ai recachée dans ma culotte. Chaque matin quand il me demandait si je voulais aller aux toilettes, je cachais ma puce dessous le matelas, car aux toilettes il était aussi derrière moi, à la douche aussi comme si j'étais une terroriste. Encore une fois, je me sentais violée dans mon intimité.

Ce que j'ai vécu, je ne le souhaite à personne encore une fois. Même à un chien, on ne fait pas ça. Je n'oublierai jamais. Jamais. Ça a détruit une partie de mon existence.

Quand je pense que des gens vivent de la violence psychologique, ils sont détruits, les pauvres. Moi qui ai survécu à tout ça, on osait en plus me dire des phrases assassines… Je veux qu'ils le sachent. « Mettez mes chaussures et venez après me voir. » Même en l'écrivant j'ai les larmes qui coulent, c'est un sujet qui me fait encore très très mal. On me jetait le repas par terre comme si j'étais un chien.

Même à un chien, on donne à manger avec plus d'amour.

Matin, midi, soir. Rebelote !

J'étais contente quand on ouvrait la porte même si c'était un peu barbare. J'avais l'impression comme ça que je comptais un peu (humour noir). Comme c'est désolant de dire ça. À la limite du Syndrome de Stockholm.

Je pensais à cette chère famille. Moi ici enfermée ? Mais qu'ai-je fait ? Qu'ai-je fait de mal, bon D... je ne comprends pas. Et en revanche, j'étais tellement shootée de médicaments que je pionçais tout le temps. Peut-être rajouter le mot, « heureusement », car rester vraiment éveillée dans cette pièce qui faisait cinq mètres carrés, j'aurais pu encore faire une bêtise.

Essayons de sortir du positif n'est-ce pas ? Ironie pour ne pas changer. Heureusement que les médicaments m'ont endormie, même s'ils m'ont aussi shootée à un point où j'avais de la bave qui coulait, et que quand j'allais me laver, je traînais la savate.

Au bout de deux bonnes semaines où j'étais enfermée dans cette cave, la gentille directrice aimante et douce me dit :

« Madame Adina, vous allez dans la chambre d'à côté un peu plus grande, toujours sans téléphone, sans iPod, sans rien, et la caméra sera allumée h24. »

Il faut avouer que j'étais heureuse, mais je ne montrais aucune émotion. Lorsqu'on passe par là, c'est-à-dire la mort, ensuite les réanimations, l'enfer des hôpitaux, des séquestrations, etc., « le peu » qu'on nous donne suffit à nous rendre heureux. Et aujourd'hui, je le remarque bien.

Je fais le changement de chambre, je colle des photos sur le mur, des photos qui me remontent le moral. J'arrange ma chambre, mon armoire. Je pose correctement toutes mes paires de chaussures bien alignées, mon maquillage dans la salle de bains. Il faut bien essayer de s'occuper de soi-même la porte fermée à double tour.

De nouveau, la directrice entre dans ma chambre et m'enlève les photos du mur. « Vous n'avez pas le droit », elle me dit par méchanceté gratuite.

Je ne savais plus quoi regarder toute la journée, pas de téléphone, pas d'iPod, pas de photos, une chambre beige et verte de clinique. J'essayais malgré tout de m'occuper comme je pouvais. Faire la prière, demander au bon D... de me sortir de là. J'étais condamnée en prison pour rien, car pour moi la prison, c'est comme l'hôpital psy.

Je me lavais trois fois par jour, matin, après-midi et pendant la nuit, car je n'arrivais jamais à dormir. Je m'asseyais par terre recroquevillée et je pleurais toutes les larmes de mon corps, je hurlais de pleurs, personne n'entendait rien… Seule l'eau chaude me caressait quand j'avais tellement mal. Je mettais des heures à me maquiller, à me faire belle, à me laver. Sous la douche, je m'allongeais par terre toute recroquevillée, pleurant en sanglot sous le jet d'eau pendant peut-être trente minutes.

Quand je sortais de la douche, je me faisais belle. Pour qui ? On ne sait pas. J'allais près de la petite fenêtre qui ne s'ouvrait même pas, j'appelais des gens, des amis de la clinique, pour ne pas me sentir seule. J'envoyais un courrier (pour mamie) par la fenêtre à mon ami pour qu'il le poste.

Au bout d'une longue semaine, la directrice est rentrée de nouveau dans ma chambre comme un éléphant (j'écris ça pour me défouler).

« Keren vous avez le droit de sortir de la chambre pendant une heure, accompagnée par laisse et avec une infirmière » et elle referme la porte. Directement, j'ai pensé à ma puce de téléphone que je gardais sur moi. Pendant l'heure de récréation, j'allais enfin pouvoir emprunter un téléphone !

Le lendemain, j'ai mon heure de sortie comme un petit toutou qu'on sort dans toute la clinique. L'infirmière ne me lâchait pas d'une semelle, mais moi en revanche j'en profitais pour contrôler tout ce qui se passait autour de moi (l'hypervigilance, ça peut aider aussi !) Je commençais à dire bonjour à tout le monde, mais aussi à me demander intérieurement comment j'allais faire pour emprunter un téléphone, où allais-je pouvoir me cacher, qu'allais-je devoir inventer pour qu'elle me lâche.

Pas d'inquiétude, Keren trouve toujours des solutions. Toute la nuit, je n'avais pas arrêté de manigancer dans ma tête comment j'allais organiser ça. Le lendemain rebelote à 16 h le tour de la clinique comme une folle à lier avec l'infirmière. Qu'ai-je fait ? Jouer la comédie, à l'actrice.

Je vais mieux, je souris à la vie, je papote avec tout le monde, je vais m'acheter un petit chocolat chaud. Madame l'infirmière sent que je vais de mieux en mieux. Je tâte le terrain de cette manière, et ça marche super bien. Je lui fais des blagues pour ne pas changer. Elle rigole en plus, mon coup marche bien. Vive le cinoche, je donne bien le change. Je rentre dans la chambre, plutôt « cellule ».

Le lendemain, la directrice aigrie ouvre la porte comme une barbare, je sens dès la clef qui tourne que c'est elle avec toute sa barbarie.

« Votre tour, mademoiselle Keren. »

En attendant, ma puce est toujours cachée en moi. Je fais semblant de prendre un livre et je m'assieds sagement sur les canapés devant le bureau de la directrice pour leur montrer que je suis bien éduquée et obéissante. On rigole un peu. Je vais m'acheter un chocolat chaud et je me balade devant le bureau.

Je donnais l'apparence que j'étais redevenue sociable, souriante, que j'allais mieux.

Et comme ça tous les jours, petit à petit jusqu'à ce que j'arrive un jour à demander discrètement le téléphone à une patiente. Je vais au WC changer de puce, mon cœur s'allège, je compose le plus beau numéro de téléphone de ma vie « Mamie Anna ».

Allo, mamie (paniqué à la mort, car les minutes sont comptées).

« Mamie, je t'en prie, sors-moi de là, je t'en prie, ne me laisse pas. »

« Oui, ma puce, je ne te laisse pas, j'appelle tous les avocats pour savoir comment faire, je vais trouver une solution. »

Je feinte un peu en papotant avec les patients et par la même occasion je rends le téléphone à la patiente. Ni vu ni connu. Je me sens forte, je vais m'en sortir. Par contre, quelques jours plus tard j'ai eu un gros coup de blues ce qui est normal après ces trois semaines vous allez me dire. Je n'en pouvais plus d'être enfermée, de jouer le cinéma alors que je souffrais terriblement. Quel supplice. J'étais déchaînée de cette violence qu'on me faisait. C'était d'une brutalité atroce.

Quelquefois, je me mettais debout à côté de ma porte pendant des heures, pour que dès que j'entende un demi-bruit, un demi-son, une voix, le bruit des clefs, je savais que c'étaient des infirmiers qui passaient et j'appelais au secours en tapant fort à la porte sans arrêt sans arrêt. Je ne m'arrêtais pas. Je ne savais plus comment me venger de ce qu'il me faisait, je ne me reconnaissais même pas. J'ai commencé à entendre la voix de la patiente qui me prêtait son téléphone, tout de suite j'ai crié de derrière ma porte « S'il te plaît, appelle ma mamie, je t'en prie, compose ce numéro 06, etc. »

La gentille patiente le fait, et là j'entends la voix de mamie par le haut-parleur, et derrière ma porte, alors vous imaginez… Je crie, je hurle, mamie s'il te plaît, sors-moi de là, je n'en peux plus, sors-moi de cet enfer. Mamie Anna dit « Ma puce, tu vas sortir de là, je te le promets, je m'occupe de toi ». Plus de force dans mes jambes, je m'écroule, je pleure toutes les larmes de mon corps en glissant contre le mur. Qu'avais-je fait de si grave pour en arriver là ?

Et tous les jours pendant deux semaines, c'était comme ça. Sauf pour mon heure de sortie, où j'appelais mamie pour avoir de ses nouvelles. Mamie Anna s'était démenée pour avoir des conseils via des avocats, car la clinique avait fait des fautes graves institutionnelles. Elle voulait aussi et surtout savoir comment me faire sortir de cette prison.

Mamie Anna me dit un jour « Ma puce tu vas devoir jouer un jeu. Je sais que tu n'aimes pas faire ça, mais c'est la seule solution. » C'était un conseil d'un avocat. En effet, j'avais bien commencé à jouer, bon point, Keren !

– Déjà ne plus répondre avec insolence au psy de la clinique – eh oui je n'avais pas changé et j'étais toujours aussi rebelle ;

– Leur donner l'apparence que tout allait bien dans le meilleur des mondes ;

– Que je voulais continuer ma thérapie avec mon psy en dehors de la clinique ;

– Surtout dire AMEN à tout, en long, en large et en travers, faire la fayotte !

On rigole un peu après tout, c'est l'humour qui m'a sauvée.

« Oh quel calvaire d'être complètement une autre personne, mais promis, je vais le faire, Mamie. »

De plus, ça m'apprenait à vivre avec mascarade dans ce monde rusé, ce monde qui n'est pas le mien. J'étais tellement transparente… on lit tout sur mon visage. Allez, go go go, je commence dès maintenant. Je suis joviale, souriante, bavarde avec tous les patients, super agréable avec les infirmiers, même avec ceux qui m'ont traitée comme une moins que rien.

J'offrais des bonbons à tout le monde, même à la directrice si aimante.

Pendant ce temps, je me suis faite amie avec un patient avec qui je commence à déménager mes affaires et ma chambre, pour faire mes valises en toute discrétion. Sac par sac, il les prenait et les mettait chez lui en disant aux infirmiers que c'étaient ses propres affaires. Toute une organisation.

Un jour, mon psy m'appelle dans le bureau du secrétariat. Évidemment, tous les infirmiers sont là, car ils me considèrent toujours comme une terroriste.

J'arrive, je m'assieds avec un nœud dans le ventre. Je pense que je vais savoir y faire. « Allez, vas-y, Keren, tu vas y arriver, lance-toi, fais la comédienne ! »

Je me tiens déjà bien droite sur ma chaise, ma posture a déjà changé. Je dis : « Bonjour docteur ! », alors que je ne le lui disais jamais, limite j'allais lui serrer la main et l'embrasser !

— Comment allez-vous, Keren ?

— Beaucoup mieux, docteur ! Je veux recommencer ma thérapie, me reprendre en main, ça m'aide tellement ! Pouvez-vous baisser la dose de médicaments s'il vous plaît, maintenant que je me sens mieux ?

(Car si je m'enfuis de la clinique, il ne faut pas que je sois shootée dehors !) Je me le suis dit à moi-même bien évidemment.

— Merci pour votre soutien, docteur ! Je lui fais un peu de pommade, il est en train de kiffer, de l'enfer à la dérision…

Le docteur dit : Oui, bien sûr, je vous baisserais la dose. Je vous rends votre téléphone et chargeur, et reprenez vos sous dans le coffre du secrétariat avant de partir. Et pendant ce temps dans ma tête, je me dis : « Tu es bête, je vais t'avoir en plein dans le mille, je vais m'enfuir ! »

Je prends toutes mes affaires chez la secrétaire avec le cœur qui bat la chamade :

« Keren, l'enfer, c'est bientôt fini. »

J'attendais tellement qu'on me dise cette phrase sincèrement… Je dis au revoir à la clinique intérieurement et je vais chez M. A., mon psy, à Aulnay-sous-Bois. Arrivée chez lui, j'ai enfin pu crier victoire ! Victoire, c'est fini le cauchemar ! Le soir même, une amie m'invite à dormir chez elle. Elle se propose d'aller chercher mes affaires qui sont restées à la clinique avec une attestation de ma part.

Le secrétariat dit : « Où est Keren ? »

— Je suis désolée, mais Keren ne reviendra plus.

Les infirmières étaient scotchées. Elles composent mon numéro « Bonjour madame Adina, vous revenez ? »

— Non, c'est terminé ! Je vous ai eu ! Et je leur raccroche au nez.

Je ne savais pas comment leur rendre tout le mal qu'ils m'avaient fait…

Mamie Anna et son gentil compagnon sont ensuite venus me chercher chez mon amie. J'étais heureuse, j'allais enfin pouvoir vivre chez mamie, elle me sauvait comme les non-juifs qui sauvèrent des juifs des camps de concentration. La même image…

Pendant les premiers jours, je n'y croyais toujours pas. Je ne réalisais pas que j'avais enfin réussi à m'enfuir de cette prison. Et non, encore une fois, ce n'était pas ma famille qui m'avait secourue.

Je pense que si mamie, ma grand-mère de cœur ne m'avait pas retirée de l'hôpital, mes ascendants m'auraient laissé clamser là-bas et j'y serais encore aujourd'hui même… Merci, mes géniteurs, néanmoins vous avez échoué.

J'avais toutes les nuits sans exception, des cauchemars non-stop, je finissais en hurlant, à cogner la porte de la chambre de mamie.

« Mamie, ouvre, s'il te plaît. Mamie, viens vite, au secours ! »

Soit, je cauchemardais sur les monstruosités vécues à l'hôpital, soit sur cette famille. Mais tous les soirs, c'était le cauchemar.

En général, on passe quelques semaines, quelques mois à l'hôpital. Mais là, ça avait duré deux ans et demi. Je ne pourrais jamais « pardonner ». Pardonne-moi, Hachem.

Et parfois même, je préfère me dire que ce n'était pas moi à l'hôpital, car ça me faisait trop mal. Et le mot « mal » est très faible à côté de tout ce que j'ai pu vivre. Alors oui je sais que tout le monde a des épreuves. Mais celle de rester enfermée deux ans et demi dans un hôpital n'équivaut pas à n'importe quelle épreuve. On m'a tout volé : ma vie de bébé que je n'ai pas eu, ma vie d'enfant que je n'ai vécu que dans la violence, ma vie d'ado avec de multiples tentatives de suicide et des troubles comportementaux. Et enfin ma vie de jeune femme dans tous les hôpitaux de paris dans les scarifications. Et j'en passe combien de séquelles. À 34 ans, je ne sais toujours pas ce qu'est vraiment de bien dormir la nuit. Et avec tout ça, j'aimerais rester endormie à vie. C'est mon fils qui me réveille.

Lorsqu'on me voit, je parais normale, jolie, rigolote, j'ai un fils adorable, je travaillais. Mais en vrai, je ne veux pas me tirer une balle, mais deux. Car je ne montre rien parce que je n'y ai pas intérêt, mais aussi parce que je n'en ai pas le droit. Pas le droit de pleurer, pas le droit d'être mal, pas le droit de crier, de hurler sur cette purée de vie, pas le droit de montrer mes émotions. J'ai toujours cette peur de décevoir si je le fais.

Lorsque je le fais, je me cache sous ma couette recroquevillée avec des idées noires. Je me dissocie, ça me sauve un peu. Mon corps sort de moi, mon âme me tue d'une douleur indescriptible. Au moins dans ces moments je ne dérange personne, car je peux faire peur dans cet état-là.

Je suis inconsolable. Comme si j'étais anesthésiée. Je n'arrive pas à parler, aucun mot n'arrive à sortir de ma bouche, aucun son, comme si qu'on m'étouffait sur place, que je revivais cette sensation de mort imminente. Comme si je revivais tout ce que j'avais vécu. Car ça vient comme ça, d'une phrase, d'un seul mot, d'une odeur, d'une chanson, d'un bruit. Et c'est dur à écrire, mais parfois de rien. Comme si la mémoire traumatique voulait me faire mal alors que j'essaye toujours de l'éteindre avec l'hypervigilance et l'évitement.

On peut me donner des millions, je n'en serais pas soulagée. Car une vie ne peut pas se racheter. Même si aujourd'hui, je fais tout ce qui est en mon pouvoir pour m'en sortir, il y aura toujours quelque chose en moi de mort. Et j'interdis qui que ce soit de me dire le contraire, car je pense faire même au-dessus de mes forces parfois. Ce cœur brisé suffoque en silence.

Après bien sûr que c'est mon choix d'aller me faire soigner, de faire une thérapie de longue haleine depuis 13 ans, de consulter un psychiatre, de faire de l'EMDR et de la PNL, etc. Le vrai changement ne peut s'ouvrir que de l'intérieur. Mais je pense que cela reste un bon choix. Certes douloureux, mais il le faut. Sinon je ne serais pas la femme que je suis aujourd'hui.

2 ans chez mamie Anna

Petit déclic. À cette période, je décide de rajouter un prénom. Je ne voulais plus Keren, le prénom que mes parents m'avaient donné. Aujourd'hui, on m'appelle Rose, comme le jardin de roses, le paradis.

On dit dans la culture juive que lorsqu'on rajoute un prénom avec une belle signification, cela peut influer sur la personne. Et effectivement, je ne voulais plus souffrir, je voulais vivre le paradis à partir de là, vivre dans la « vérité », dans la paix donc je me suis mise à écrire à la DDASS pour savoir le mystère de l'adoption ou bien juste si j'avais été délaissée quelques mois ? Entre-temps, le courrier est bien arrivé à destination…

D'ailleurs, cette période incarne pour moi le repos, la détente, le bien-être et la sérénité. Je commençais enfin à suivre des films à la TV. C'était mon premier travail, car je n'arrivais pas jusque-là à suivre une seule histoire, un seul film. C'était cool de se sentir s'évader. C'était pour moi de véritables exercices psychologiques.

Mamie m'a laissé le temps de récupérer, j'étais comme son petit bébé qu'elle choyait.

Elle m'a tellement appris, elle m'a lu des histoires, elle m'a nourrie. Elle me préparait de bons repas comme j'aimais, elle m'offrait de jolies robes, des petites attentions.

C'était ma mamie, mon infirmière, mon docteur, mon assistante sociale, mon taxi, mon pansement, ma sauveuse, ma super cuisinière, ma couturière, mon psy, mon docteur, mon nounours. Elle était tellement apaisante. Elle me préparait un biberon de lait avant d'aller dormir. Je régressais totalement. Mais je vivais enfin à 24 ans ce que je n'avais jamais vécu à 2, 3, 4 ans.

Au départ, j'étais très renfermé, c'est mamie qui a su me mettre à l'aise.

Lorsque je n'étais pas bien, elle savait ce qui me faisait du bien. Comme faire des tours de poussette (en voiture !) avec la musique à fond.

Je m'étais tellement sentie en confiance chez mamie que je me suis décidée à contacter le psy de la clinique en l'insultant « Allo, bonjour, c'est Keren, sachez que vous êtes un gros c… » Il bégayait, il ne s'y attendait pas et j'ai raccroché. Trop d'injustice dans cette clinique, fallait bien que ça sorte !

Papa, l'argent, et moi sa petite dernière…

Un jour, nous avons reçu à la maison un courrier de la clinique d'Epinay. Ils me demandaient 1200 € d'honoraires. J'étais au plus mal, mais comment allais-je faire pour payer tout ça ?

C'était mon père qui devait avoir payé et je voyais qu'il ne l'avait jamais fait.

Ma grand-mère s'est alors rappelé que mon père lui avait parlé d'un compte courant qu'il m'avait fait petite. Il disait qu'il y avait dessus dix mille euros à utiliser pour mon mariage, la grande blague…

On envoie aussitôt un courrier à la banque pour avoir ces dix mille euros, et régler la clinique. Mais au bout de quelques jours, nous recevons une réponse : pendant un an, votre père est venu tous les vendredis matin, toujours à la même heure (c'est pareil que si c'était l'heure de la téphila pour demander la parnassa, lol) pour essayer de récupérer cet argent. Il nous harcelait en nous disant que vous étiez hospitalisée et que vous n'aviez pas d'autorisation de sortie. On lui a donc donné l'argent. J'étais écœurée. Il savait bien que j'avais des permis de sortie tous les mardis soir. Je n'ai pas de mot pour ce comportement odieux.

Et là, j'ai un flash-back, je me souviens du jour où ça a dû arriver, lorsqu'il m'avait demandé de faire une signature sur une feuille. Je vais vous raconter l'abus de faiblesse d'un papounet loyal envers sa propre fille.

Un mardi après-midi à ma permission, j'étais chez moi, allongée sur mon lit avec la musique à fond. Mon père entre dans la chambre et me dit :

« Ma fille, signe ici » sans m'expliquer pourquoi et ce que c'était. Et je l'ai fait, car bien entendu, tu fais confiance en ton papa.

Maintenant, je sais que quand mon père dit « ma fille » c'est parce qu'il y a une demande d'argent derrière. Il y aura d'autres exemples dans la suite du livre… Nous avons donc été chercher les dix mille euros à la banque, et porter plainte contre mon père pour abus de faiblesse.

Avec tout ça, je gardais une rancune en moi, une rage de tout ce qu'on m'avait fait subir. Au bout de deux mois chez mamie, le déclic est enfin arrivé.

Déclic et des claques pour porter plainte

Un soir, alors que je discutais avec mon plus grand frère Yehiel qui était tombé malade psychologiquement aussi hélas, il me dit : alors, ma sœur, comment vas-tu ?

Où es-tu ? Tu sais, moi aussi, les Chémouni m'ont fait du mal.

— Mais que s'est-il passé, Yehiel ?

— Je ne te dirais pas c'est trop choquant.

De toute façon, j'avais bien compris. Je raccroche et je ressens une rage et une injustice pas croyable face à cette confidence.

Le lendemain, je me lève encore avec cette rage, mais aussi une prise de conscience énorme : on m'a manipulée depuis petite. J'ai arraché toutes les peluches que ma chère famille d'amour m'avait offertes. J'ai pris un ciseau et j'ai tout déchiré en mille morceaux avec une rogne terrible. (J'avais pris une photo de tous et à présent je l'ai encore)

Je vais dans le salon : « Mamie, ça y est, c'est décidé, je porte plainte. »

Elle n'avait rien compris… mais elle savait que ça allait arriver à un moment ou à un autre. Oui mamie, je veux porter plainte aujourd'hui.

Nous avons de suite écrit au procureur, et été à la gendarmerie porter plainte pour 2 h 30 d'interrogation. Je décide de plus me laisser faire. Nous avons envoyé le courrier sans attendre.

Par contre, je n'avais pas porté plainte contre mes frères de peur de regretter. Car même victime, il y a toujours le conflit de loyauté.

À la fin du courrier, j'avais bien précisé que je portais plainte contre mes cousins uniquement et pas contre mes frères.

La colère en moi était illimitée, tellement colossale que j'en ai profité pour envoyer des courriers par la poste à toute cette famille, proche et éloignée pour leur dire : « Attention, vos cousins sont des violeurs, faites attention ».

J'ai eu quelques retours comme « tu es sûre de ce que tu dis ? Mes frères ne feraient jamais cela ! » « Tu inventes, de toute façon tu étais en hôpital psy alors c'est toi la folle » et j'en passe, etc.

Excepté pour un qui m'avait dit : « je vais me venger pour toi, ils vont le payer je te jure et bla-bla-bla » et a présent au bout de 5, 10, 15 ans après toujours rien pour sa petite protégée, lol. On m'a sûrement offert « des petits chocolats, des pizzas, de jolies robes », mais est-ce cela dont j'avais réellement besoin ? L'argent ne fait pas tout, les cadeaux ne font pas tout, en revanche les mots font beaucoup à condition que les actes soient accomplis. Dès à présent, je compte que sur moi-même.

J'avertis donc mon directeur d'école pour qu'il soit fier de moi, de mes avancées, j'attendais qu'il me dise : « Enfin bravo ! Tu as pris la bonne décision. » Hélas, c'était foncièrement autre chose qu'il m'a dit…

« Tu es sérieuse ? » Tout à fait M. le directeur, je suis sérieuse ! Tu penses vraiment que la juge va te croire ? Tu n'as pas de preuve ! Je lui ai répliqué – excusez-moi si je n'ai pas pu le filmer et j'ai mis fin à la communication. J'ai demandé à ma grand-mère comment il avait pu avoir une réaction aussi exécrable. Elle m'a dit : « Il veut te dissuader, il se sent menacé, car il était au courant de tout n'a pas fait ce qu'il aurait dû faire. » Plus jamais je ne lui ai adressé la parole.

Au bout de quelques jours, nous avons reçu une réponse comme quoi la plainte allait être prise en charge. Le juge avait également décidé de se porter partie civile et de porter plainte à ma place contre mes frères vu la gravité des faits.

Ça y est, la procédure suit son cours (en son temps, car ça fait 13 ans maintenant). Toutes les familles (je n'appelle pas ça de la famille, pardonnez-moi) sont convoquées ainsi que tous mes proches, professeurs, directeurs, amies proches, etc.

Je lis le dossier trois ans après les préliminaires des convocations, pour huit heures de lecture. C'était infect à lire dans tous les sens du terme. Je lis seule dans le bureau de l'avocate, ébahie, abasourdie, de lire autant de violence, de déni, de méchanceté.

Comment peut-on se sentir lorsqu'on lit autant d'ignominie ? Et pendant 8 heures, un jour 4 heures et le lendemain 4 heures.

Une phrase me revient toujours « Un jour, je souhaite que la vérité éclate ». Vous verrez, ça se fera. Certes, ça mettra beaucoup de temps, mais ça se fera.

Quelques phrases assassines qu'ils ont dites à la gendarmerie :

« De toute manière, elle est folle, elle a été internée, voilà pourquoi. »

« C'est une manipulatrice, mais je l'aime quand même, ma sœur. »

« C'est du touche pipi ce qu'elle a vécu (phrase type des complices, tellement plus simple de dire ça). »

La gendarme les a remis à leur place en leur disant de lire le courrier que j'avais écrit au procureur. Il le lit, plus rien ne sortait de sa bouche, mais ça n'empêche qu'il continue encore à le dire aujourd'hui…

— Elle fait ça pour l'argent.

— La pauvre, elle invente, etc.

— Tu étais amoureuse de tes frères ?

— Rose, quand on va avoir tes sous du procès, on sera blindés !

— Personne ne t'a dit de te suicider !

— On était petits et on ne savait pas ce que l'on faisait (or vous étiez adolescents et non pas petits, et, quelles que soient les circonstances les conséquences sont là encore aujourd'hui).

Ma sœur m'a dit : « Tu veux casser, briser la chaîne de la famille ? »

Mais oui, ma grande sœur chérie, effectivement je veux briser cette chaîne « toxique ».

Je me voyais courir jusqu'au WC et vomir ce qu'ils disaient tous, le choc !

4 heures de suite et le lendemain 4 heures aussi. Déjà de lire un livre pas facile, c'est très déroutant, mais là, c'était de moi qu'il s'agissait. Pour me faire du mal à moi, mais qui peut survivre à tout ça ? J'étais vidée…

Depuis l'instruction est toujours en cours. Cela fait 13 ans que je tape à toutes les portes et personne. Pendant qu'eux vivent en toute tranquillité. En résumé mesdames et messieurs ce qui est sécurisant, c'est le cas de le dire, c'est que les juges d'instruction ont bien confirmé que « Rose n'inventait rien » et que tous mes dires étaient cohérents, mais je suis « la dérangée » selon le clan familial… et le pire c'est « Rose invente, Rose est folle, Rose fait ça pour l'argent, etc. ». Et pourtant le plus grand des frères de la famille Chémouni a questionné mon géniteur (puisqu'il veut protéger ses petits frères d'amour) dis-moi papa de Rose, tu veux bien dire à ta fille d'enlever la plainte et je lui donne une certaine somme d'argent ? Dires rapportés de mon petit papounet dans le dossier. Merci papa !

Et après je suis encore la dérangée de service… Faut suivre les amies, saison 5, épisode 12… Il me semble avoir lu dans le dossier que la femme du monstre avait dit « Mon mari ne ferait jamais une chose pareille, voyons, c'est un mari aimant », dit-elle en 2015. Et aujourd'hui en 2023, elle a divorcé, sûrement pour cause de « mari aimant et loyal », je dis ça je ne dis rien…

C'est très dur de porter plainte seule, sans soutien familial. On ne me croit pas ou à moitié, ensuite on me sort des phrases assassines et la cerise sur le gâteau, la justice n'en a rien à faire.

Et lorsqu'un beau jour je me sens prête, je me sens forte pour les dénoncer, eh bien là bizarrement, il m'est interdit de les nommer. Comme par hasard ! En fait, je deviens moi-même prisonnière de tout cela. C'est terrible. Je ne doute pas une seconde que la justice divine est là, mais comme on dit « un prix à la tête du client », je me dis que D... fait peut-être pareil avec les épreuves, « à la tête du client ».

Je ne joue pas ma victime en parlant ouvertement de ce sujet, si cela dérange tellement, c'est que ce problème vient de chez vous. J'évoque mes douleurs, mes ressentis, mes constats, sans pour autant jouer la victime.

Je sais que ma douleur d'hier sera ma force de demain et du restant de ma vie. Cette douleur que j'ai est l'indicateur de ma transformation secrète, intérieure, qui a déjà débuté par ailleurs !

Entre-temps, je continuais à vivre chez ma grand-mère, mamie de cœur.

Elle continuait à prendre soin de moi malgré les crises de boulimies toujours aussi fréquentes, les carences, le potassium très bas. J'étais souvent obligée d'aller me faire perfuser tellement j'étais faible, et hélas même perfusée parfois c'était plus fort que moi et je me faisais vomir le peu que j'avalais.

Vivre avec le syndrome post-traumatique

D'autres fois aussi, je manquais presque de m'étouffer en vomissant, avec la brosse à dents coincée dans ma gorge. Je sentais la mort toute proche.

La mort était toute proche, je sentais que tout pouvait se passer en une seconde. Il m'est souvent arrivé de penser que c'était la fin. Je pouvais faire trois, quatre crises de boulimies vomitives à côté de ma mamie. La pauvre, tout ce qu'elle a pu voir avec moi…

Voilà un exemple des crises que je pouvais faire, pour vous montrer dans quelle détresse j'étais pour ingurgiter tout ça : une baguette avec des œufs, du fromage et des câpres, des croissants et pains au chocolat, du lait avec un demi-paquet de corn-flakes, une brioche tressée presque entière, des biscuits.

À midi, je pouvais continuer avec un kilo de pâtes au fromage, une pizza entière, des gâteaux, du Coca, une salade faite maison, des chips, etc.

Parfois, je pouvais m'enfermer des jours dans ma chambre. Mais mamie comprenait, elle me laissait dans mon silence tout en s'occupant de moi avec respect.

Mamie m'a sortie, au zoo, lieu que je ne connaissais pas. À la ferme où je pouvais toucher les animaux. On allait à la piscine, où j'avais réussi malgré ma peur à sauter dans le grand bassin.

Elle m'amenait à la plage et j'y allais sans pression, sans angoisse, sans la peur en rentrant d'être tapée, car je n'avais pas fait le ménage.

Elle m'offrait des goûters, de jolis vêtements, des sous-vêtements qu'une jeune fille doit avoir et à ma taille d'ailleurs. Jusque-là, les seuls habits que j'avais étaient ceux que mes grandes sœurs ne voulaient plus.

Elle me préparait de bons repas cachères, même si ça lui demandait de l'énergie, elle le faisait par respect. Mais qui fait tout ça de nos jours ? Plus personne…

Je suis tombée au fond du trou. Dépression, anorexie, boulimie vomitive, plusieurs tentatives de suicide, scarification. Mais j'ai chuté encore plus bas jusqu'à penser à la prostitution. Je me sentais déjà si salie, je voulais me vendre comme on me l'avait fait quand j'étais petite.

Il y a une maladie qui s'appelle « maladie du cœur brisé », paraît-il, eh bien, la mienne s'appelle la « maladie de l'âme blessée ».

Un jour, j'ai pris rendez-vous avec un homme dans un hôtel immonde près de gare du Nord, un quartier déjà pas très bien famé. Mais ce jour-là, je pense avoir été sauvée par le bon D… Il est monté avec moi dans la chambre, il m'a vu et il m'a dit « je te laisse, je paie la chambre ».

Et il est parti de la chambre. Je me suis retrouvée seule, enfin avec le bon D. ieu qui m'a pris dans ces bras. Je l'ai senti intensément ce soir-là. Est-ce possible que ce soit un ange gardien que le bon D. m'ait envoyé ?

Heureusement, j'ai senti à ce moment-là que cette voie n'était pas pour moi. Ça me dégoûtait en même temps. Je pense d'ailleurs que cette voie n'est pour personne d'ailleurs, c'est une autodestruction tellement rabaissante.

J'ai persévéré ma thérapie malgré la longue distance : Normandie Paris, 6 h 30 de route chaque deux semaines. Avec tout ça, j'arrivais toujours à mes rendez-vous à l'heure, toujours ponctuelle chez mes trois psychologues. Une équipe d'enfer ! Merci mon D... de m'avoir envoyé d'aussi bons médecins. Je les remercie d'être là, depuis treize ans bientôt.

Je prenais le train les mardis matin très tôt à 6 h du matin. Ma mamie me déposait à la gare dès 5 h du matin. La pauvre, tout ce que je ne lui ai pas fait faire ! Merci, ma mamie, même le mot merci ne suffit pas…

Je commençais par mon psychologue à Aulnay-Sous-Bois. D'ailleurs, je le remercie, car il a toujours été là, avec ou sans argent. Je précise qu'il m'a offert une demi-année de séance gratuite. Quel psychologue fait ça de nos jours ? Le mardi après-midi, j'allais chez Muriel Salmona qui m'a tant appris sur la mémoire traumatique. Ça m'a tellement aidé ! Elle m'a ouvert les yeux sur les fonctionnements toxiques des familles incestueuses, sur le stress post-traumatique. Merci, Muriel, vous êtes si forte, je vous admire énormément. Nous avons travaillé sur un point essentiel « pourquoi je faisais des tentatives de suicide chaque année en mars, avril ? » pourquoi je suis si mal à cette période, il ne faut même pas me demander pourquoi, comment, décrire, expliquer et tous les synonymes du monde, je la déteste cette période un point c'est tout. Puis progressivement, on travaille, on bosse sur plusieurs mémoires traumatiques qui se réveillent à la fois, et puis on arrive au rendez-vous ou j'amène mon dossier de la DDASS (j'étais allé le lire avec ma grand-mère chez une assistante sociale à Granville).

Muriel le lit et me dit « mais Rose tu n'as pas ces troubles psychosomatiques pour rien », tu as été jetée à la DDASS en juillet, tu es restée 9 mois et au bout de neuf mois les assistantes sociales t'ont remise chez toi en MARS.

(Juillet-août-septembre-octobre-novembre décembre-janvier-février-mars) tu es retournée chez toi – « chez toi dans ta propre maison ou tu avais senti le danger » ce qui fait que chaque mars, tu te sens en danger et tu fais une tentative de suicide pour calmer l'amygdale qui a peur du danger.

Prise de conscience, j'ai tout compris merci docteur !

C'était impressionnant son analyse et du coup mon taux d'adrénaline a baissé… :)

Et le mardi soir, j'allais dormir chez une copine comme si de rien, tout va pour le mieux. J'étais épuisée psychologiquement, vidée.

Le lendemain, ma copine devait aller travailler à 7 h du matin, donc je me levais aussitôt qu'elle, et je disais que j'avais rendez-vous très tôt chez mon psychiatre pour ne pas qu'elle sache que j'attendais dans un bar en attendant que le centre médical ouvre. Il m'arrivait même de m'endormir au bar avec ma petite valise et mon portable à la main, que je rechargeais.

On aurait dit une clandestine, quelle tristesse… Quelques heures après, je voyais mon docteur M. sauveur, donc ça compensait un peu, ça apaisait ma douleur. J'ai fait comme ça pendant 2 ans et demi, le temps d'être chez mamie qui a tant fait pour moi.

Et entre temps, j'avais été demandé à me faire hospitaliser, car j'éprouvais encore une souffrance atroce de ce monde sauvage avec moi encore. Pendant la nuit je m'étais scarifiée, sur le lit, sur le drap tellement ça a transpercé le matelas, c'était rempli de sang, je voulais en finir. Même moi j'avais peur quand je voyais tout ce sang. Je voulais juste nager dans le bonheur, pas nager dans le sang… Puis je suis allée mettre du sel dessus et du poivre pour bien pimenter ma vie. C'est vrai qu'elle n'était pas assez piquante… Aujourd'hui, j'ai toutes les marques des scarifications, une quinzaine, une marque indélébile.

Le lendemain une place à la clinique de Normandie, de Rennes plus précisément. Encore un hôpital à rajouter dans ma liste, pour deux mois et demi enfermée. De nouveau seule, abandonnée, dans la mélancolie. Au début de l'hospitalisation, j'étais enfermée et puis petit à petit je sortais du centre, je pleurais encore en me demandant qu'est-ce que j'avais bien pu faire pour mériter tout ça.

Cet internement m'a tout de même reposée, car la violence, quelle qu'elle soit, épuise psychologiquement. Personne ne savait que j'étais à l'hôpital sauf une cousine très éloignée qui m'a contactée dans ma dernière semaine d'hospitalisation. Par SMS, elle m'annonça que ma mère était hospitalisée. Évidemment, ma chère famille ne m'avait rien dit. J'ai immédiatement compris de quoi il s'agissait, car à la maison elle avait toujours mal au ventre. Ma cousine me confirma qu'elle craignait qu'il s'agisse bien d'un cancer. J'envoyais un SMS à mon frère Ethan lui demandant comment allait maman. Toujours en train de minimiser les faits, il me dit que ce n'était que des maux de ventre.

Mais je savais que c'était plus que ça.

Mais j'étais déçue, j'étais hospitalisée depuis près de deux mois et demi, on ne m'avait pas demandé une seule fois comment j'allais. Du lit d'hôpital où j'étais, je m'inquiétais pour ma mère, mais personne ne s'était inquiété pour moi. Et bien sûr, tout le monde allait rendre visite à ma mère, car c'était encore une maladie bien visible alors que la mienne était invisible. Je me sentais seule, abandonnée, reniée de tous.

Dossier de la DDASS :

En rentrant chez mamie, je reçois le courrier de la DDASS ? Un rendez-vous avec une assistante sociale a été fixé pour lire le dossier. Je ne pouvais pas le lire seule, car c'était éprouvant, mamie, mon garde du corps était là, toujours là près de moi. Je feuillette le dossier de 55 pages, et 10 participants pour soutenir la famille !

– Un éducateur spécialisé ;
– Une éducatrice spécialisée ;
– Assistante sociale enfance ;
– Psychologue ;
– Le médecin circonscription ;
– La travailleuse de famille ;
– L'OSE ;
– Casip, etc., tout ce monde rien que pour nous ? Lol, et avec tous ces intervenants, personne n'a su me protéger ? Ben apparemment non !

Les 4 premiers enfants sont nés à Djerba et les 4 derniers à Sarcelles.

Ma maman était dans une grave dépression nerveuse (psychose, mélancolie). Elle était dans l'incapacité de se lever du lit pour venir me voir à la DDASS. Au bout de 15 jours de vie, toujours aucune visite, elle ne souhaitait pas « voir » son petit bébé d'amour. Quant à mon géniteur, il venait chaque lundi après-midi me voir.

Rose rentre chez elle au bout de 9 mois, elle pleurait dans son petit lit depuis un long moment : elle avait besoin d'être changée.

Les travailleuses familiales ont dû insister très fort auprès de sa mère pour que cela soit fait. Pour ce qui est de monsieur, il est peu présent à la maison et ne parle guère le français.

Quand la maman est en crise aiguë, la petite Rose manque de soin et il faut rester très vigilant. D'autre part pour la maman, son désarroi à avoir une relation avec un bébé jusqu'à l'âge d'environ 8 mois est tel qu'elle arrivait à mettre en « DANGER » l'enfant par carence nutritionnelle et relationnelle.

— Je suis quasiment certaine que la sensation de « mort imminente », de « danger » que je ressens davantage, cela provient de ce sentiment d'abandon qu'elle pouvait me laisser mourir près d'elle…

L'assistance sociale souligne maintes fois que la situation dans laquelle notre famille évoluait, était particulièrement déroutante, voire confuse, et qu'on était incapable de faire face à la « réalité présente » elle rajoutait d'ailleurs « Ils sont dans un autre monde et ils ne nous entendent pas ».

— Merci, mon D... je suis pas folle !

— Je ne fabule pas !

Ma maman avait besoin de me nourrir à la cuillère très longtemps (environ jusqu'à mes 8 ans), voire de me suralimenter et m'a éduquée en fonction de son propre vécu.

Lorsque j'étais souffrante, il fallait une plus grande vigilance, car elle donnait les 1ers soins, néanmoins elle ne terminait jamais le traitement. C'est la présence des différents intervenants qui a permis d'éviter des catastrophes (risques d'infection grave).

Je suis retournée chez moi en fin mars, toutefois ma maman était inapte à s'occuper de moi, c'était de la fatigue physique et morale. Vraisemblablement, cette situation a été lourde à vivre pour madame.

Par faute de soins, la petite Rose a dû être hospitalisée d'urgence (comme ma tante l'avait dit plus haut).

Vous suivez la série ou pas ? Ce n'est pas comme dans les séries télé : un coup d'œil au microscope, et on a la réponse, lol, faut suivre le fil.

Maladie de ma mère qui se détériore très vite
Cancer du foie

Dès que je suis sortie de l'hôpital, je suis allée directement voir ma mère qui entre temps avait pu rentrer à la maison, à Sarcelles. Je n'avais dit à personne que je sortais de l'hôpital, j'étais pleine de tristesse, mais si c'était pour entendre de nouvelles phrases assassines, ce n'était pas la peine. J'avais acheté des fruits pleins de vitamines, une petite attention. Je sentais l'angoisse de monter chez moi après ces années d'absence. Je monte, j'appréhende, j'ai le choc de la voir toute maigre… J'aurais presque voulu la prendre dans mes bras. Mais j'avais toujours peur d'elle, de son regard, c'était impressionnant… Elle-même n'arrivait pas à me regarder.

En fait, je m'aperçois maintenant qu'à cette époque, personne de cette famille n'arrivait à me regarder dans les yeux.

Je lui ai dit :

« J'ai besoin de te parler, je sais que tu m'as laissée et jetée à la DDASS. Mais malgré tout ce que tu m'as fait endurer, je suis quand même venue te voir. »

Je venais de sortir d'une longue hospitalisation sans même le lui avoir dit. Ma mère me dit : « De quoi parles-tu, n'importe quoi ! »

Je n'ai pas voulu insister vu la situation, car je ne suis pas sadique à ce point. Nous avons parlé de choses et d'autres. Trop dur de rester longtemps. J'ai fait ce que j'ai pu.

Entre temps, j'ai appris que le cancer du foie symptomatise la rancœur qui vient de trois choses :

– Le manque d'argent ;

– Le manque de famille ;

– Le manque de spiritualité.

Heureusement que je tiens le coup avec la spiritualité… lol, un peu dérision ne fait pas de mal.

De retour chez ma grand-mère en Normandie, je décide de chercher mon mazal, dans les sites de rencontre, et je tombe sur un jeune homme aux yeux verts. La première rencontre se passe bien. Mais lors de notre deuxième rencontre alors que nous sommes à la tour Eiffel, je reçois un SMS de mon frère qui me dit : « Il faut aller voir maman, c'est la fin. »

Le lendemain matin, première heure, je vais la voir avec ce jeune homme. J'entre dans la chambre, lui, attend derrière la porte. Il y avait déjà ma grande sœur Ava qui priait ainsi que mon autre sœur venue d'Israël Tova à côté de qui je m'assieds. C'est à ce moment-là que ma génitrice me dit avec le regard vide « merci, Rose ». Pourquoi m'a-t-elle dit merci ? Je ne sais pas, je ne saurai jamais. En face de moi, la sœur du monstre cousin qui m'a violée était en train de masser les jambes de ma génitrice en me dévisageant. Je lui ai retourné son regard et c'est elle qui a fini par baisser les yeux.

Sans scrupule, elle était venue, et les monstres aussi… J'avais tellement l'habitude de ne pas être protégée, que j'avais la boule au ventre de sortir tous les revoir.

Je suis vite allée me cacher dans un autre couloir et j'ai dit à mon géniteur : « S'il te plaît, sors les monstres Chémouni d'ici, ce n'est pas leur place. » Il m'a dit : « Laisse-les, on s'en fout d'eux. »

J'ai insisté : « S'il te plaît, sors-les d'ici, ils m'ont fait du mal ! » Il m'a dit : « Ils vont crever, laisse-les, c'est tout… » Et il ne les a pas virés. Eh oui, on ne vire pas les gens qui donnent de l'argent…

C'était à moi de me cacher (toujours devoir me cacher) tellement j'étais pétrifiée. Je dérange encore certainement. Pas de cris, pas de hurlements de sa part, limite on peut penser qu'il le savait et que c'était de la normalité, ou alors qu'il était complice avec des magouilles d'argent. Sinon je n'arrive pas à comprendre autrement son comportement.

Et moi sa petite fille, sidérée de n'avoir vu ni entendu de sa part, ne serait-ce qu'un peu d'empathie pour moi, sa fille, sa dernière soi-disant. Je n'ai pas vu de haine envers eux, rien. J'étais inerte, heureusement que j'étais assise, car j'aurais pu m'évanouir.

La femme d'un des monstres m'a suivie et m'a trouvée. Elle m'a dévisagée avec un regard de tueur, j'étais terrifiée. Même si je sais que je ne devais pas… Toute cette secte me fout la frousse, mais plus aujourd'hui, heureusement. Et puis il était tard et chacun est rentré chez soi.

Décès de ma génitrice dans un chaos tragique.

Deux jours après, mon géniteur m'appelle et me dit : « Viens, ce sont les dernières heures. » J'étais chez mon psychologue et j'ai stoppé la séance pour courir à l'hôpital.

Il y avait déjà du monde, j'y suis allée avec celui qui entre-temps était devenu mon copain (je n'étais pas encore mariée) et avec une copine d'enfance. Je suis arrivée, mais elle était déjà décédée. Toute la famille était autour de ma mère dans cette pièce.

Je ne l'oublierai jamais, je ne négligerai jamais ce jour, surtout ce moment-là précis. Toute la famille se prenait dans les bras (nous sommes une famille nombreuse) et je vais l'écrire en gros et grand : sauf moi. Comme si j'étais la pestiférée de la famille. Je pleurais, toute seule, rejetée dans le fond de la pièce.

Je me sentais tellement seule, que je me suis jetée dans les bras du frère que j'aimais beaucoup sans lui demander l'autorisation. Je pensais qu'il allait me dire : « Ma sœur, je suis là, tu n'es plus seule. » Mais pas du tout, je sentais que je l'importunais… Mais où est ma place dans ce monde ? Je passais pour une capricieuse mythomane, car j'avais dit le mal que ma mère m'avait fait, mais à côté on me voyait pleurer en sanglots à son décès. Qui sais ce que j'ai vraiment à l'intérieur ? Que le bon D. ieu. Je pleurais de toute mon âme de ne pas avoir eu la mère et la famille dont je rêvais. Tout le monde se disait au revoir sauf à moi comme si j'étais le monstre de la famille. Et pourtant, D. ieu sait ce que j'avais souffert. J'étais tellement seule, perdue que je suis allée vers la belle-mère de mon frère que j'aimais beaucoup.

Et que me dit-elle ? « Stop, Rose, pourquoi est-ce que tu fais tout ça ? » Je lui ai répondu : « Mais je ne fais rien moi ! » Et là encore, je me disais, mais bon sang, qu'ai-je fait pour mériter ça ? Même le jour de l'enterrement de ma mère, vous ne pouvez pas avoir pitié de moi ? Je vous en prie, je vais aller rejoindre ma mère si ça continue, c'est peut-être ça que vous voulez en fait ? Toute ma chère famille a voyagé pour l'enterrement de ma mère en Israël, à part mon plus grand frère

Yehiel et moi. Et juste avant de voyager, mon géniteur m'a donné cent euros pour que je ne reste pas sans argent la semaine du décès de ma mère. Quelle gentillesse n'est-ce pas ? C'est rare de voir un père aussi généreux et empathique que le mien…

Pendant la semaine de Shiva, je suis allée chez une amie qui m'a hébergée. Du fait de ne pas avoir assisté à l'enterrement, j'ai eu beaucoup de mal à croire que ma mère était partie, qu'elle était décédée. Pendant des mois, je la cherchais dans la rue, comme si elle était encore vivante. J'avais l'impression qu'elle était encore à Sarcelles. Je rêvais d'elle et il m'arrivait d'écrire sur Internet son nom et prénom pour voir si elle était toujours parmi nous. Je ne peux pas dire pourquoi je faisais tout ça alors qu'elle m'avait fait tellement de mal. Je crois que c'était mon inconscient qui s'exprimait. Peut-être que je voulais lui dire certaines choses qui étaient restées coincées, je ne sais pas…

Quelque temps après, je me suis fiancée, et mariée. J'ai perdu ma mère au même moment où j'ai connu mon ex-mari.

Mariage, non, ce n'est pas de l'esclavage

Je vais vous raconter une petite parenthèse sur cette rencontre.

J'étais sur les sites de rencontres et un visage aux yeux vert m'a sauté aux yeux. J'ai commencé à lui parler et quelques jours après nous nous rencontrions pour la première fois. J'essaye toujours de voir le bien chez l'autre, ça a bien avancé et nous nous sommes fiancés près de ma grand-mère, à côté du Mont Saint-Michel. Nous avons trempé tous les ustensiles dans un lac pour qu'ils soient bénis par D. ieu et cashers. Ma grand-mère a préparé tout le repas et la belle-famille, les bons gâteaux au miel. Mon ex-mari et moi étions sur une calèche à deux chevaux, comme des princes et princesses.

Aïe, revenons à la réalité, car à ce moment nous habitions dans le 16e à Paris dans un minuscule appartement. Je cuisinais dans une kitchenette de 5 m^2 avec des casseroles de la taille d'une dînette de bébés. C'était folklorique ! Enfin, passons. Gentille comme je suis, j'avais invité toute la famille pour mon mariage, sauf les agresseurs.

Mais mon père m'a fait des chantages : « Ma fille, si tu veux que je vienne à ton mariage, enlève ta plainte. »

Je lui ai dit : « Ne viens pas, car je ne vais pas l'enlever. »

Il m'a répondu : « Ton cousin m'a dit que si tu enlèves la plainte, il te donnera une grosse somme d'argent. »

J'étais ébahie. Mais papa, tu ne réagis pas ? Papa tu ne lui as pas cassé la tronche quand il a dit ça ?

Mon père : non je m'en fiche, tu veux ou pas ?

Sans cœur pour sa petite dernière, il osait me redemander. Et le pompon, mon petit papounet si protecteur me rajouta : « C'est lui qui m'a aidé pour l'enterrement de ta mère ! Respecte quand même ! »

J'avais envie de tout balancer en l'air, de tout casser, de colère, de peine.

Tellement sidérant que je suis restée bloquée sur place, aucun mot ne pouvait sortir.

L'agresseur Akiva qui m'a violée est allé voir mon père chez lui à Sarcelles, il lui a parlé seul à seul, il lui a avoué m'avoir fait du mal quand j'étais petite. Réponse de mon père : « Mais non, arrête, vous jouez ! »

Le jour du mariage, mon père est finalement venu, accompagné d'Ethan. Il était là juste pour la cérémonie religieuse à la synagogue. Pour avoir bonne conscience peut-être ?

Pendant toutes les prières de la synagogue, on le voit à côté de moi… en train de pioncer, on le voit dans la vidéo. Moi qui pensais qu'un père était émotif lorsqu'il voyait sa fille se marier… Je me suis certainement trompée.

Juste avant de quitter la synagogue, il m'a donné 100 euros que j'ai donné à mon plus grand frère Yehiel pour qu'il puisse rentrer en taxi à Sarcelles après la synagogue. Il y avait aussi un bout de papier de banque déchiré où il avait écrit « Mazal tov ma fille, tu ne m'as pas écouté, tu ne me reverras plus jusqu'à ma mort ». En analysant profondément la situation, le papier déchiré était de la banque, ceci dit, c'est de nouveau un lien avec le flouze (consciemment ou inconsciemment) à votre guise, lol.

Je ne comprenais pas l'hébreu et surtout son écriture, un rabbin me l'a traduit en me disant : « Ton père t'aime et te souhaite mazal tov. » J'étais heureuse sur le moment.

Deux jours après mon mariage, je me dis que ce n'est pas possible que mon géniteur ait écrit ça. J'ai pris mon téléphone pour traduire le message et j'ai lu ce qu'il avait véritablement écrit. Mais je n'en veux pas au Rabbin, car je sais qu'il l'a fait pour mon bien.

Une cousine qui était proche de moi est arrivée en me disant Mazal Tov et elle m'a dit : « Ta cousine la maquilleuse n'a pas voulu me maquiller, car elle savait que c'était pour ton mariage ! » L'amour gratuit c'est inné dans cette famille, quelle folie ! L'amour est le miracle de la civilisation comme dit Stendhal.

Dieu merci, nous avons eu un mariage royal – nos invités nous l'ont confirmé ! Je vais vous dire un petit secret avec une petite pointe d'humour, tout en élégance et tout naturellement en remerciant sincèrement tous ceux qui nous ont fait des offres pour que cette soirée soit féerique. Mon histoire n'est pas que malheureuse, car grâce à plusieurs de nos prestataires (orchestres, chanteurs, traiteur, etc.), nous avons bénéficié de prix adoucis. C'est ça prendre le bien de chaque situation ! Premièrement, voir que les gens bons existent. Et deuxièmement, grâce à ce vécu phénoménal, j'ai eu un mariage de princesse. Ce n'était destiné qu'à cette soirée, mais finalement c'est peut-être pour ça que mes parents m'ont donné le prénom K-Reine. À méditer… En tout cas, toujours et sans relâche, voir le bon.

Quelque temps après notre mariage, nous étions invités au mariage d'un ami à mon mari en Israël, à Eilat. J'ai pu profiter de ce voyage pour aller voir ma mère enterrée à Netivot dans le sud d'Israël, car je n'avais pas pu y aller avant. J'y suis allée avec mon mari. Il y avait quatre heures de bus, ce qui m'a donné le temps de lui écrire une petite lettre que j'allais déposer sur sa tombe. J'appréhendais un peu, beaucoup on va dire.

Près de la tombe de ma mère se trouvait la tombe du Baba Salé, un grand rabbin très reconnu en Israël. En arrivant près de sa tombe je me suis mise à pleurer en sanglotant, comme un bébé qui pleure pour avoir sa maman, qui veut qu'on s'occupe de lui. J'avais une douleur que je ne pourrais jamais exprimer. Je demandais, pourquoi ? Donne-moi des réponses à toutes mes questions, viens dans mes rêves, donne-moi des signes ! Pourquoi moi ? Que s'est-il passé dans nos familles ? Je devais le payer ? Je faisais partie de vos dettes ? Qu'avais-je de si spécial ? Mais évidemment, je n'ai eu aucune réponse. Et d'ailleurs, je n'en aurai jamais, je sais qu'on ne peut pas rentrer dans les comptes du bon D. ieu.

J'ai déposé sur sa tombe la lettre et j'ai allumé une bougie. J'ai aussi déposé une bague en argent que je portais toujours sur moi, car elle adorait les bijoux. C'était un petit clin d'œil pour lui dire que je pensais à elle. Je savais que je n'allais pas revenir de sitôt en Israël, j'avais trop de souvenirs tristes et pénibles.

Sur la route du retour, mon mari et moi sommes passés devant ma sœur Ava qui n'habitait pas très loin de Netivot. Cela faisait 7/8 ans que je ne l'avais pas vue, à part cinq minutes en coup de vent, près de ma maman malade. Vous allez me dire que ce n'est pas énorme entre sœurs… Alors que nous passions, je l'ai soudain vue monter dans sa voiture. Nous étions juste derrière elle, elle nous a aperçus dans son rétroviseur. Je me souviens de son regard surpris et paniqué à la fois. Elle a démarré et est partie. Nous étions comme des inconnues. À très vite, ma petite sœur chérie, je suis contente d'avoir fait ta connaissance… et je ne l'ai plus jamais revue.

De retour en France après ce petit séjour de ressourcement, j'ai reçu un appel de mon père :

« C'est quoi cette lettre ? Pourquoi est-ce que tu as mis une bague sur la tombe de ta mère ? » Je n'ai pas répondu à ses propos narquois.

Il a rajouté : « Tu vois ta sœur dehors et tu ne lui dis pas bonjour ? Tu n'entres même pas chez elle boire un café ? C'est toi la petite sœur, tu dois du respect à ta grande sœur ! »

J'ai trop ri. Même là, il trouvait le moyen de me dire que c'était moi la mal élevée, la mal éduquée. Mon père a toujours eu une belle image de moi…

L'humour est l'oxygène des optimistes. Docteur M. de Robert Ballanger m'a toujours dit : « Tu as tenu grâce à l'humour et la dérision. »

C'est aujourd'hui que je comprends ce qu'il voulait me dire…

Merci Docteur M. de m'avoir redonné confiance en moi avec vos mots si puissants.

Les jours passent, je travaille assidûment en tant que nounou, mon ex-mari au restaurant. J'appréciais appeler de temps en temps mon grand frère Yehiel pour savoir comment il allait. Un jour alors que je l'appelais, il me dit qu'il s'était fait hospitaliser dans mon ancienne clinique d'Epinay, car il avait besoin de repos. Quelques jours après, je vais lui rendre visite avec mon ex-mari. On arrive, moi toute contente de montrer à mon ex dans quel enfer je vivais, histoire qu'il comprenne tout ce que j'avais pu endurer !

Je dis bonjour à tout le monde, infirmiers, secrétaires, direction – ils me connaissaient bien, ils n'allaient pas m'oublier comme ça !

Et voilà qu'arrive la dame africaine qui se peignait en blanc de haut en bas. Mon ex a pris peur et me dit : « Mais purée quelle angoisse ici ! » On ne pourra pas m'accuser d'être une gâtée pourrie, je dis ça, je ne dis rien…

On est allé jouer avec Yehiel au ping-pong, fumer, prendre un goûter et soudain je vois mon ancien psychiatre, si « compétent ». Il s'approche de moi et me dit « Vous n'auriez pas dû me traiter de salaud au téléphone après tout ce que j'ai fait pour vous ! ». J'ai pouffé de rire et nous avons même ricané ensemble. L'humour renforce mon instinct de survie, n'est-ce pas docteur ?

J'espère, les amis, que vous suivez toujours le fil ? Mon histoire c'est un peu comme une série Netflix. Il y a des retours en arrière avec un vent de fraîcheur, un peu de présent de narration et surtout un futur présent de vérité générale – c'est très philosophique tout ça !

Quelques mois passent, pour mon bien-être, j'avais pris la décision de couper tout contact avec mon père.

Mais un matin, à 8 h, mon père m'appelle sur mon téléphone portable.

J'ai répondu, pensant qu'il y avait quelque chose de grave pour qu'il m'appelle sitôt.

Mon père : Allo ma fille (quand mon papa m'appelle ma fille, c'est qu'il y a quelque chose qui se trame avec de l'argent comme je vous l'avais dit plus haut) – Oui tout va bien ?

Mon papa : oui, j'ai rêvé de maman cette nuit et elle m'a dit de faire attention à toi.

Moi qui espérais toujours de l'amour et « du vrai » :

— Oh, c'est trop beau, elle disait quoi d'autre ? Elle était comment ? Ça me touche tellement papa.

Et à partir de ce beau rêve, dans tous les sens du terme (on rigole un peu, ça ne fait pas de mal), mon papa a commencé à m'appeler sans cesse. C'était pour « avoir de mes nouvelles », mais j'avais l'impression que c'était presque du harcèlement psychologique. Il m'appelait trois à quatre fois par jour ! Je n'en pouvais plus, jusqu'à demander à mon psy si cela était normal entre un père et sa fille.

Il m'a dit « Non, ce n'est pas du tout normal, et vous n'êtes pas obligée de répondre. »

Au fond, je sentais quelque chose de pas bon, de toxique, mais je ne savais pas encore quoi.

Un jour alors que j'étais au travail – j'étais nounou d'une petite princesse de six mois, mon téléphone a sonné. J'ai directement compris que c'était pour une demande. « Ma fille, on va avoir l'héritage de maman. Donne-moi ta part comme tous tes frères et sœurs d'accord ? »

J'ai dit « je le savais, je sentais que c'était hypocrite » et je lui ai raccroché au nez.

Mes intuitions sont super puissantes et même de loin. Je suis une louve.

L'intuition c'est le flair qui commet un excès de vitesse. Je te l'avais dit, cordialement. PS : Ton instinct.

Ethan m'envoie un message : « Papa va se suicider à cause de toi, rends-lui son argent. »

Je commence à être super mal, ma grand-mère qui me rassure par téléphone : « Ma puce, ton père ne fera rien, ne t'inquiète pas. »

Mon employeuse rentre de sa journée et me tranquillise aussi en me disant que je n'ai rien fait de mal.

Quelques jours après, je suis allée chercher l'argent de l'héritage en cachette. Mon père était là-bas pour prendre sa part, il fallait impérativement que je vienne le même jour, mais à un autre horaire. Je me cachais de partout tellement j'avais peur de le rencontrer. J'ai pu récupérer l'argent et ainsi rembourser le prêt de mon mariage, D. ieu merci. Toujours voir le bien.

À ce moment-là, j'avais demandé des nouvelles à mon plus grand neveu Nolan, le fils de Tova. On discute de tout et rien et là il me dit « Rose je ne sais pas où tu es, où tu vis et chaque fois que je demande à ma mère, elle ne me répond pas ou alors elle me dit que tu vis chez une copine, est-ce vrai ? »

Non, ce n'est pas vrai, je vivais à l'hôpital d'abord et ensuite chez ma grand-mère de cœur.

« Rose, je sens bien qu'il y a quelque chose, mais personne ne me dit la vérité. » Je lui ai dit que quand il reviendra sur Paris on se verra et je lui raconterai tout en face à face. Mais depuis plus de nouvelles. Pas grave, j'ai l'habitude…

Je souhaiterais tellement, que cette « juste vérité dévore ce mensonge une bonne fois pour toutes ».

Le mariage, survivante d'inceste

Pour moi survivante d'inceste, je voyais le mariage comme de la joie et du bonheur, car j'aimais donner, partager, construire. Je voulais fonder un foyer basé sur l'amour, le respect et la sérénité. Pendant les 2 ans, j'ai travaillé en tant que nounou à domicile. J'adorais le jeudi soir préparer de bons mets de Shabbat, voyager avec des repas de cultures différentes : de bons plats marocains, tunisiens, indiens, africains, chinois, il y en avait pour tous les goûts et faire plaisir à mon mari.

Mais j'avais un mélange d'appréhension par rapport aux relations intimes et au fait d'avoir des enfants. Il est difficile de développer, car ça reste confidentiel, mais je suis restée mariée deux ans sans être prête à avoir un enfant. J'avais peur : peur des relations sexuelles, peur panique d'être grosse, de ne pas être à la hauteur, de faire des crises de boulimie à côté de mon bébé. Je ne voulais pas montrer tout ça à mon enfant. J'avais assez souffert, je ne souhaitais pas que lui souffre. Étant petite, je n'avais pas eu le choix, mais aujourd'hui à 34 ans je prenais la décision d'être aidée. Et c'est en pensant à mon fils que j'ai persévéré et c'est grâce à lui d'ailleurs que les vomissements ont cessé.

Le travail psychologique a porté ses fruits. Certes, c'était lent et long, mais il le fallait par obligation. C'était pour moi vital de me faire aider, car sinon je mourrai. Des fois encore, c'est comme si je mourrais sur place. Hélas, c'est imperceptible aux yeux du monde. Les relations intimes étaient directement liées aux agressions, intrusion. Ça me semblait dégouttant, sale, tout était confus dans ma petite tête violentée. On avait attaqué mon cerveau, c'était la guerre en permanence. Pour arriver à faire la paix dedans, il faut beaucoup de patience. C'est encore un sujet assez délicat. L'inceste, les viols, ça bousille l'intimité et le corps dans sa globalité. Ça se soigne avec des spécialistes, mais avec beaucoup de patience et de persévérance.

Lorsqu'on parlait d'avoir un enfant, c'était à chaque fois extrêmement douloureux. Automatiquement, je perdais tous mes moyens.

Je n'étais pas prête à me voir grosse, surtout si c'était un garçon. J'avais des peurs irraisonnées, dues à mon lourd passé. Au fond, je le désirais véritablement, mais cette peur prenait tout l'espace.

C'est après un travail psychologique acharné que j'ai eu un déclic un matin de février pour me débarrasser de mes pilules avec joie et entrain.

J'étais employée en tant que nounou à Boulogne, mariée depuis 2 ans et toujours pas d'enfant. L'envie était bien là, mais la peur aussi. Et puis un beau jour, l'étincelle est venue. Je vais vous confier comment. Tous les matins quand j'arrivais chez la princesse que je gardais, je recevais un merveilleux sourire de sa part. C'est comme ça que j'ai commencé à comprendre que si je pouvais apporter de la joie à un enfant, alors à plus forte raison je pourrais le faire à mon enfant. La confiance en moi est revenue et j'ai pu en parler à mon ex-mari. À cette période, nous avions été une semaine en Israël et j'ai attendu pour lui faire une petite surprise, arrivés sur place. Je vous partage une petite idée sympathique pour annoncer l'arrêt de pilule : j'avais acheté une immense carte postale et j'ai collé la plaquette de pilules en mettant une croix dessus avant de la lui offrir. D... merci je suis tombée enceinte peu de temps après, je ne lui avais pas dit directement après avoir fait le test de grossesse, car je souhaitais le lui annoncer d'une manière sympathique. En faisant le tour des magasins, j'ai vu un body bleu avec dessus écrit « papa », mais juste avant que je le lui donne, il l'avait senti ! Il m'a dit : « Tu es enceinte ? » et c'était un Ouiiii !

Et même si à quatre mois lorsque j'ai su que c'était un garçon, j'ai fait une véritable crise de panique – la peur irraisonnée de je-ne-sais-quoi, je me suis mise à lui chuchoter tous les jours : Ce n'est pas de ta faute si maman est en dépression, je prendrais soin de toi même si je suis au bout du rouleau. C'était fusionnel même avant sa naissance. Je lui parlais tout le temps avec des mots simples et toutes ces peurs se sont atténuées avec le temps et un bon travail thérapeutique.

Ma grossesse et un double miracle

Quand je suis tombée enceinte, j'ai vécu ça comme un cadeau d'Hashem. Mais malgré tout, ce fut une grossesse difficile. J'étais sans famille, sans mari, je me sentais incomprise. Psychologiquement aussi c'était très difficile. Je considère mon fils aussi comme un double miracle, car je n'avais pas de maladie physique, mais j'avais une maladie psychologique que je cachais.

Jusqu'à qu'un jour, un Rabbin me dise : Faites attention, votre fils peut mourir. D. ieu nous en préserve, il avait sûrement senti quelque chose.

C'est en l'entendant que j'ai arrêté de me faire vomir, au huitième mois. Je l'ai fait pour mon fils uniquement.

À cause de tout ce que j'avais vécu, j'avais peur d'accoucher par voix basse. Je n'avais jamais vu de gynécologue en trente ans. Encore une conséquence qui ne se voit pas, mais qui se paie 30 ans après. Pendant les examens, j'avais presque envie de taper la gynécologue, j'étais tellement mal, mais je me sentais comme anesthésiée. L'angoisse, je me sentais au pied du mur.

Mon mari a été au deuxième rendez-vous gynécologue avec moi. Il a expliqué que je ne voulais pas me faire ausculter, car j'avais vécu des violences. Mais le docteur a eu une phrase assassine : « Mais madame, vous êtes toute belle pourtant ! » Et le rapport ? Expliquez-moi… Nous sommes partis du rendez-vous.

Toute ma grossesse j'étais mal, j'appelais au secours, mais personne n'entendait. On me posait sans cesse des questions, la clinique que j'avais choisie, si j'allais accoucher par voie basse en me racontant combien c'était éprouvant, etc. Pendant ce temps, je me formatais tous les jours, me répétant que j'accoucherai par voie basse, je m'insultais, je me tapais. « Rose tu es conne ou quoi, toutes les femmes accouchent comme ça ! »

Mais impossible j'avais énormément de mal à me faire à cette idée. J'étais en dépression, l'envie de mourir était de plus en plus forte.

Arrivé au troisième rendez-vous gynécologique, c'est ma grand-mère de cœur, mamie, qui est venue m'accompagner. Elle a tout dit à la gynécologue. Que j'avais vécu de l'inceste et que c'était pour ça que j'avais besoin d'accoucher par césarienne. La gynécologue s'est excusée et m'a dit que c'était tout à fait compréhensible et que ce serait fait. Je me suis alors effondrée en pleurs de soulagement, je sentais que je pouvais enfin respirer, comme si un poids avait quitté mes épaules. Je me sentais enfin comprise, la petite fille en moi s'était enfin sentie accueillie. Je n'étais pas une capricieuse, c'était une demande légitime après avoir vécu tous ces viols.

Le week-end avant l'accouchement qui a eu lieu le lundi matin 9 février 2017 à 10 h 53 à la maternité de Boulogne, nous nous sommes rendus à Deauville. J'admets, j'avais un peu la frousse, vu que c'était la dernière semaine du 8e mois de grossesse. Les valises sont prêtes, le menu de shabbat est prêt et go on prend le train pour une des plus belles aventures de ma vie.

Le vendredi soir se passe bien, cool, on prépare la table de Shabbat, on dîne. Le lendemain, nous allons à la synagogue, on fait le kiddoush, les prières là-bas, on rencontre des gens qu'on connaît… ou pas.

Le dimanche matin, une folle envie me vient de faire le spa, le jacuzzi, la piscine. Je ne m'en empêche pas vu que je souhaitais me décompresser. Je me détends, ça se détend même un peu trop à mon goût… Je prends une heure ou deux de relax, et tellement relax que le bouchon muqueux s'est échappé, il s'est éclipsé à tout jamais ! Alors que je suis en train de me changer dans la salle de bain, je commence à perdre les eaux ! Je pensais au début que l'expression était « perdre les os », oups faut pas le dire, je suis gênée !

L'eau coule sans s'arrêter, j'appelle mon ex-mari derrière la porte :

« Eh Toni, je perds les eaux là ! »

« Ah bon, t'es sûre ? »

« Ouiiiii, je suis sûre ! »

Je n'ai pas paniqué du tout, au contraire je trouvais ça très drôle. Je lui donne une idée que je trouve superbe : « Tu sais ce qu'on va faire ? On va faire comme si de rien n'était ». Il me dit « OK, on fait comme si de rien ! »

Ça y est, nous sommes disposés à retourner à Boulogne. Je mouille le canapé de l'hôtel, mais je fais comme si de rien n'était. Ce n'est que de l'eau après tout… Le taxi arrive, je mouille le siège en cuir, et juste avant de descendre, discrètement je sèche avec un endroit de ma jupe qui n'est pas mouillé. On monte dans le train et rebelote, siège trempé, je vais me changer au moins cinq fois ! Et je parle à mon bébé en même temps : « Oh, petit coquin tu veux sortir, ça y est ? Tu veux voir mamoune et papa ? Sache en tout cas, ce que tu es en train de me faire vivre est très drôle ! »

J'en riais vraiment, personne ne savait rien dans le train ! Je regrette maintenant, j'aurais dû le dire, ça aurait été la pure folie !

Au bout de deux heures de trajet, je commence à perdre patience. On prend le taxi et on va direct à l'hôpital de Boulogne. On arrive à 22 h, il me semble et l'infirmière me dit : « Mais vous êtes trempée ? C'est bon, vous allez accoucher ! »

Mon ex-mari dit : « Vous êtes sûre qu'elle ne peut pas patienter une semaine, dix jours ? » L'infirmière dit : « Non, monsieur, elle va accoucher, c'est imminent ! » Toute la nuit, j'ai des contractions et à chaque contraction, je me mords la main très fort pour ne pas crier. Toujours tout garder à l'intérieur…

On m'annonce que comme je suis en avance, certainement qu'il n'y aura pas de césarienne. Je commence à paniquer, je prie à D. « Je t'en prie, ne me fais pas ça ! » Je dis aux infirmières « C'était prévu une césarienne, regardez le dossier, je vous en supplie. Peu importe le jour, le traumatisme est là ». Au bout d'une heure, je reçois le OK pour accoucher avec une césarienne ! Toute l'équipe était extrêmement empathique, à l'écoute, le chirurgien m'ayant vu pleurer, il m'a séché une larme sur ma joue. Jamais je n'avais ressenti ça de ma vie, autant de compréhension et de tendresse de la part d'une équipe médicale.

Mon fils est né le 9 février 2017. Nous lui avons choisi un prénom dans lequel il y a deux fois le nom de D. ieu, ce n'est pas pour rien.

Le lien affectif avec mon enfant

Quand on me l'a posé délicatement dans mes bras après ma césarienne, je ne réalisais pas ! J'avais dans mes bras un petit être merveilleux qui pesait 2kg100, un rayon de soleil qui me faisait voir le chemin petit à petit de la clarté. J'avais envie de le prendre dans mes bras H24 et je l'ai fait d'ailleurs. Tout le monde me disait que ce n'était pas bien de le porter tout le temps, qu'il fallait le lâcher. Mais le caresser, le cajoler, lui donner de l'amour, c'était pour moi comme lui donner de l'essence dans sa vie et lui donner de l'autonomie. Et je suis persuadée que ça marche vraiment, car ça lui envoie de la dopamine dans son cerveau. Pour un petit bébé qui vient d'arriver sur terre après 9 mois dans un cocon tout chaud, il faut y aller doucement. Je lui parlais beaucoup, je lui expliquais où on allait quand on se baladait. Je lui disais ce que je préparais à manger, quand je devais le poser pour faire le ménage, je l'avertissais avant de lui faire son bain. Je lui lisais des histoires avec des dessins, je lui parlais, lui expliquait comme s'il comprenait comme un grand de 6 ans. Et il comprenait !

Dès qu'il pleurait dans son lit, je m'empressais d'aller le chercher pour lui sécher ses larmes. Pourtant on me disait qu'il fallait le laisser pleurer. Mais c'était inconcevable pour moi. Grâce à ça, une confiance mutuelle s'est mise en place, il sait que si je pars, je reviens, il a confiance en moi et moi aussi en lui.

Un bébé, un enfant avec beaucoup d'amour, devient un enfant emphatique, autonome.

Je suis restée hospitalisée dix jours, mon mari ou ma grand-mère dormait avec moi dans la chambre pour ne pas que je reste seule.

Quand je suis enfin rentrée à la maison, ma grand-mère était encore près de moi et de mon bébé. Mais je sentais que j'étais de plus en plus malheureuse dans ce couple, dans cette maison.

Beaucoup de déclics sont arrivés en même temps, ça faisait beaucoup trop pour mon cœur. Mais il paraît que ça fait partie du travail de la thérapie… Mon psychologue était très fier lorsque je lui ai dit :

« J'ai trop de prises de conscience, c'est comme si je me réveillais d'un coma. » Je me souviens encore de son attitude lorsqu'il m'a entendu, je crois qu'il attendait depuis longtemps que je lui dise ça.

Je vais vous détailler, analyser cette prise de conscience.

En fait, après ces quelques années de couple, j'éprouvais à l'intérieur de moi quelque chose de singulier, de dérangeant. Malheureusement, je ne savais pas ce que c'était, mais au fond de moi, je voulais connaître ce qui se tramait en moi. Je souffrais sérieusement de ne pas comprendre. Entre-temps, mon inconscient a travaillé, cheminé. Il mijotait, préparait quelque chose. Et lorsque je fus prête, que mon cerveau fut assez mûr pour recevoir le déclic, la prise de conscience arriva à l'improviste. Car c'est très imprévisible.

C'était un jour de mai, un après-midi plus exactement. Je commençais à me sentir dissociée, je sentais que mon corps sortait de moi, comme en dédoublement.

J'observais tout ce qui se passait autour de moi comme dans un film : toute la belle famille était à la maison, mon ex-mari dormait, j'avais mon bébé dans les bras d'un seul coup, j'ai cru avoir « la claque de ma vie » sur ma tête, comme si on me réveillait d'un coma profond. La première chose que je me suis dite, à haute voix, c'était : « Oh, non Hashem, ne me dis pas que c'est vrai ! » Et instantanément, je prends mon téléphone, j'envoie un SMS à ma grand-mère : « Mamie, ne me dis pas que j'invente ? » Elle m'a répondu : « Non, tu n'inventes rien ! »

Et à partir de là, ma vie a complètement changé. Je ne voyais plus rien de la même manière. J'étais dans la dépersonnalisation. En réalité, je ne pouvais comprendre, analyser et faire les liens que lorsque j'ai eu cette prise de conscience. Elle a été le premier pas vers le changement et à partir de là j'ai eu la clef pour comprendre et discerner. Et lorsque j'ai bien saisi, j'ai commencé à aller vers la guérison, l'acceptation et le lâcher-prise de mes tentatives de sauver l'autre.

C'est tout un cheminement intérieur qui s'est fait sous silence, sous couvercle. Et un jour, ce cheminement s'est fait entendre, et c'est lui qui m'a permis d'avancer vers un univers meilleur, avec la naissance de mon enfant. À mon humble avis, et avec mon expérience perso de vie, on finit par se guérir « SEULE » du mal pour lesquels personnes ne s'est « vraiment excusé » bref, je continue avec mon petit trésor…

Le premier shabbat que j'ai passé avec lui à l'hôpital, j'ai pris plusieurs résolutions qui cheminaient déjà depuis longtemps dans ma tête :

– Continuer à ne plus me faire vomir après chaque repas ;

– Respecter le shabbat et les fêtes ;

– Manger, cacher ;

– Faire les prières du matin, pour remercier tous les jours D. ieu d'avoir eu ce beau miracle, mon fils.

On pense que tout nous est dû dans la vie, des parents gentils qui nous gâtent, un enfant en bonne santé, de l'argent, un gentil mari, etc. Mais non, on se trompe. Car rien ne nous est dû. Regardez autour de vous, il y a des parents méchants, des familles indifférentes, des enfants gravement malades dès la naissance. Il faut ouvrir les yeux pour voir que chaque chose positive qui nous arrive est un miracle, un miracle de D. ieu. Dès que j'ai vu mon fils entre mes mains en bonne santé, j'ai remercié D. ieu. Et encore aujourd'hui je continue, je dis merci, tout simplement.

Malgré la joie d'avoir mon fils, j'ai vécu cette période dissociée de mon corps. C'est comme si je regardais tout ce qui se passait en tant que spectacle. Pendant cette période, j'ai grossi, j'ai gonflé énormément. J'ai pris 18 kilos en plus ! Je ne comprenais pas pourquoi alors que je mangeais de manière très équilibrée et sans grignotages.

Je ne voulais plus sortir, d'ailleurs je ne sortais plus. J'étais trop mal dans ma peau.

Je suis allée chez plusieurs diététiciennes avec ma grand-mère qui se déplaçait à chaque fois avec moi depuis sa lointaine Normandie. Elle m'accompagnait j'avais peur des nouveaux docteurs et ça depuis petite.

J'ai essayé un bon nombre de régimes, mais aucun ne me faisait perdre mes kilos.

Jusqu'au jour où je suis tombée (non ! enfin, je ne suis pas tombée, c'est le bon D. ieu qui me l'a envoyé) sur un certain docteur Cohen. Il était dans le 12e à Paris et il a su comprendre toute la problématique ; il a été très patient et m'a expliqué que tout cela ne partirait pas rapidement. J'avais grossi parce que mon corps stockait après tant d'années où je n'avais rien gardé comme nourriture.

Je me suis sentie tellement écoutée, comprise, que d'un coup mon corps s'est débloqué. Comme si la petite fille que j'étais s'était sentie si bien accueillie que ça l'avait libéré d'un poids dans tous les sens du terme. Je me suis mise à rire comme une folle, je ne m'arrêtais pas, j'en avais presque honte devant le docteur ! Et puis le régime s'est fait, petit à petit, lentement mais sûrement. J'allais au rendez-vous régulièrement et grâce à sa gentillesse et sa positivité j'ai tout perdu. J'ai perdu 20 kilos en un an et demi avec beaucoup de persévérance et de patience.

Je continuais toujours ma thérapie avec mes trois psys, mon nutritionniste, toujours le même combat pour aller vers le meilleur. Mon mari bossait dans la restauration à Paris, moi je m'occupais de mon bébé que j'ai allaité pendant quatre mois. Malgré tout, je n'osais pas sortir de chez moi. Pour les courses, je faisais des commandes de nourriture. Et ma grand-mère aussi m'aidait régulièrement à remplir le frigo. Nous allions ensemble au magasin casher, et sur la route j'ai eu un petit signe du bon D... près d'un bâtiment, posé sur un arbre, comme égaré, qu'est-ce que je vois ? Un livre écrit par Muriel Salmona.

Ça faisait six ans que je lui disais que j'allais l'acheter, car je me faisais aider par elle. Mais ça arrivait à pic, car à partir de ce moment-là, j'ai pris conscience de toute cette violence que je ne voulais plus d'ailleurs. Le livre s'était mis sur ma route pour m'aider à changer la mienne. Car il y avait des choses floues dans mon couple, que je ne voulais peut-être pas voir…

Je suis rentrée à la maison, j'ai commencé à le lire et là tout s'est éclairci, de plus en plus. Plus je lisais et mieux je voyais, comme si le brouillard était parti. J'intégrais petit à petit tous les liens de mes incompréhensions. C'était pour moi un vrai signe divin. Comme si D. ieu lui-même m'avait tendu le livre en me disant : « Rose, lis-le, tu as encore du chemin à faire et ce livre va t'aider à comprendre ! » Je l'ai terminé en une semaine et il m'a énormément aidé à mieux comprendre la mémoire traumatique.

Les rencontres qui égaient l'âme

J'avais fait connaissance avec ma voisine du dessous qui avait 96 ans. Elle était toujours sympathique avec mon bébé et moi quand elle nous croisait dans les couloirs de l'immeuble. J'aimerais juste vous raconter cette rencontre et vous prouver que des non-juifs peuvent être de bonnes personnes, des justes parmi les nations. Lorsque j'étais en dépression pendant la procédure de mon divorce, elle était toujours là, à n'importe quelle heure. Je pouvais taper à sa porte à 5 heures du matin comme à 23 heures.

— Roberte, je ne vais pas bien.

— Allons, entrez, ne restez pas dehors !

Elle me remontait le moral avec ces beaux principes de vie que j'estimais beaucoup et j'allais tout de suite un peu mieux, assez pour pouvoir remonter chez moi, juste au-dessus. Elle m'offrait des forces, du courage pour persévérer dans ma lutte, enfin plutôt dans mes luttes ! Mes conversations avec cette dame n'étaient pas des histoires de couches, de biberons, de vacances familiales. Ensemble, nous parlions de procédure pour viols, divorce, médecins, survivre quoi ! Et bien évidemment, éducation de mon bébé. On m'a souvent dit : « Mais Rose tu as des problèmes comme tout le monde. »

Roberte une fois m'avait dit une phrase qui m'avait beaucoup rassurée : « J'ai 96 ans, j'ai eu des problèmes, mais une vie comme la vôtre, ce n'est pas commun. » Je me disais : « Ouf, je ne suis pas folle ! Je n'exagère pas à avoir mal ! » Car cette dame vu son âge avait du vécu. Et aujourd'hui, nous sommes toujours en contact, je lui fais un petit clin d'œil pour la remercier. Il y a des gens bons et mauvais partout. Mais c'est à nous de garder contact avec les gens positifs, car ils amènent avec eux de bonnes ondes. Je la remercie de tout mon cœur. J'ai remarqué que les gens qui m'ont vraiment sauvée étaient tous des non-juifs. Faites du Kidoush Hashem, s'il vous plaît !

En février – je me souviens du froid de cette année-là, j'ai créé sur Facebook et WhatsApp un groupe de parole sur les violences. Un jour, j'ai vu un post écrit par une jeune femme. La photo de son profil était celle d'une jeune femme au visage doux et apaisé. Elle écrivait :

« Bonjour, j'ai réussi à me sortir du processus de violences, je me sens capable d'aider aujourd'hui. »

Elle s'appelait Madi. Comme je cherchais tous les moyens pour pouvoir m'en sortir, je me suis dit qu'elle pourrait peut-être m'aider. J'essayais de toujours prendre le positif chez les gens, qu'ils soient juifs, français, kabyles… Je crois qu'on peut apprendre de chaque personne qui passe dans notre vie, peu importe la religion, la culture ou l'âge.

Il était minuit, on échangeait des messages et je lui ai dit que j'allais faire une grave bêtise, car je commençais à prendre conscience de toutes les violences que j'avais subies dans ma vie. Je lui disais que je ne savais plus où aller, je ne voyais plus rien, j'avais un bébé, mais pas de travail, pas de famille pour m'héberger. Comment m'en sortir ? Où aller ? Je n'en pouvais plus de ces épreuves.

Mon bébé dormait à côté de moi et je pleurais silencieusement pour ne pas le réveiller. Je parlais à Hachem en disant que j'étais prête à tout pour ne plus vivre ces souffrances, mais j'avais l'impression que plus j'avais la foi, plus j'avais des épreuves. (Même si heureusement, plus j'avais d'épreuves, plus j'avais la foi.)

Madi m'a proposé de me faire le tarot. Je ne savais même pas ce que c'était, elle m'a expliqué que c'était un jeu de cartes pour en savoir un peu plus sur son avenir.

Dans notre religion, je savais que c'était interdit. Mais j'ai dit oui. Je n'ai pas hésité, je me suis dit que D. ieu me pardonnerait, car il savait que c'était pour que j'y voie plus clair dans ma vie, pas pour aller à son encontre. Si Madi m'a fait les cartes à cette heure si tardive, c'est qu'elle avait senti une profonde détresse déjà. Elle avait dû sentir que m'écouter ne suffisait plus et c'est pour cela qu'elle avait décidé de m'aider en utilisant ses capacités du haut-delà. Pour moi, rien n'est au hasard, c'est pour cela que j'ai accepté.

En pleurant derrière le téléphone, je lui ai dit : « Je t'en supplie, fais-moi les cartes, mais à une condition. Ne me dis aucune mauvaise nouvelle, je n'ai pas besoin et je ne veux pas savoir ! » J'ai fermé fort les yeux, je parlais à D. ieu en lui demandant qu'il n'y ait que de bonnes choses même si personne ne me l'avait jamais souhaité.

Madi m'a dit alors : dans quelques mois en mars plus précisément une association va t'aider avec une cagnotte pour que tu puisses déménager. J'ai souri, soupiré de soulagement de savoir que je parviendrais à déménager. Et effectivement quelques mois après j'ai pu déménager comme ça !

Madi m'a dit aussi : « Tu vas t'en sortir, tu vas rencontrer un homme beaucoup plus âgé que toi, c'est lui qui va t'aider dans tous tes blocages (ça sera dans le prochain livre). Il va t'aider à penser positivement, vous allez avoir un vrai coup de foudre et une relation merveilleuse. » Et là, ça y est, je sèche mes larmes, je retrouve le sourire.

Je lui ai dit : « Madi, tu te fais les cartes à toi ? Est-ce que ça a toujours marché ? » Elle m'a dit : « Oui, toujours. »

Et elle m'a rajouté : « Rose, tu vas finir heureuse, ton travail va porter ses fruits et encore plein d'autres belles choses que je raconterai plus tard, car l'autre livre sera un livre d'espoir, le meilleur est toujours pour la fin. »

Vous pensez peut-être que c'est très grave de faire ça dans la Torah, mais si je n'avais pas entendu toutes ces belles paroles cette nuit-là, j'aurais peut-être fait une grosse bêtise. Alors pardon, Hashem, mais tu sais que ce n'était pas contre toi.

Pendant cette période très dure, je tenais uniquement en pensant à ce que Madi m'avait dit. Je priais fort en demandant à Hashem de les réaliser et j'y croyais fortement. On dit que les pensées sont très fortes alors je pensais tous les jours à des pensées positives. Je me le répétais sans cesse, car personne de proche ne me le disait que j'allais m'en sortir, que je pouvais me battre et qu'un jour je verrais le fruit de mes efforts.

Lorsqu'on dit que se répéter des paroles positives, c'est important pour le cerveau, vous pouvez le croire ! Ce sont justement les paroles encourageant que les parents doivent donner à leurs enfants dès le plus jeune âge pour leur donner confiance en eux. Voilà pourquoi c'est tellement bon d'entendre des encouragements, des mots rassurants de ses proches. Car on se construit avec. Moi je ne m'étais construite qu'avec des mots insultants et malheureusement, mon cerveau n'avait retenu que ça : Tu es bête, conne, tu ne vas jamais réussir, les autres filles sont meilleures que toi… J'en étais persuadée à force. Pendant trente ans, je m'étais répété ces méchancetés.

Tout a changé quand j'ai rencontré Madi et quand elle m'a dit ces belles paroles si stimulantes. À partir de là, j'ai commencé à me les répéter tous les jours : Rose, les belles choses vont arriver, tu vas t'en sortir, allez, encore un peu de courage ! Les pensées positives ont amené le positif et ma Emouna a grandi aussi. Je voyais partout les signes de D. ieu. Et malgré que j'aie fait les cartes, je sentais qu'il était encore plus proche de moi. Je n'incite personne à le faire, mais quand on est entre la vie et la mort psychologique, savoir qu'il y a de bonnes nouvelles qui vont arriver peut aider. Enfin pour moi.

Facebook n'a pas que du mauvais. Dans la même période, j'ai aussi échangé avec une autre jeune femme. Une jeune maman thérapeute douce et compréhensive qui est là pour moi aussi depuis 4 ans. Même si elle habite en Israël, dès que je ne suis pas bien, elle est là par WhatsApp. Merci Sarah.

Je me souviens encore de l'histoire qu'elle m'a racontée la première fois qu'on s'est parlé au téléphone. Elle m'a redonné tant de force et de courage pour continuer à me battre comme un lion qui rugit. Je vais vous la raconter, car elle est magnifique :

Dans une armée, il y a plusieurs divisions. Il y a l'armée de terre, l'armée de l'air, ceux qui sont dans les bureaux et enfin, ceux qui partent au front. Ceux-là prennent des risques, mais ils sont entourés, ils ont toujours un médecin au cas où ça se passe mal, une radio en permanence pour garder le contact avec leur base, et surtout ils ont l'ordre de rester ensemble.

Mais il y a un soldat particulier, sur qui tout repose. Celui-là, selon ses compétences, on l'envoie dans le pays ennemi, coupé de sa famille, ses amis, des gens qui lui ressemblent : et il s'appelle un espion.

Il est d'une solitude absolue et a très peu de contact avec ses proches. Mais c'est parce qu'il est très spécial et que ses aptitudes sont très élevées que c'est lui qui a été désigné pour la mission élevée de protéger sa patrie. Et cette mission, il la réussit malgré, mais aussi grâce à son isolement.

C'est ton cas Rose, elle m'avait dit. De toute évidence, Hashem a décidé que tu avais des aptitudes particulières pour réaliser une grande mission et c'est pour ça qu'il t'a envoyé dans ces zones de solitude et d'obscurité.

Les femmes qui sont sorties de telles épreuves et qui se sont renforcées, ont ensuite utilisé ces épreuves pour faire le bien, et sont devenues de véritables héroïnes. Connues ou pas, elles ont changé l'histoire à leur façon et sauvé des vies humaines. Ne sois pas en colère contre Dieu, il est juste en train de te former à devenir une grande personne.

Lorsqu'une personne est profondément investie d'une mission, de quelque chose qui la remplit, c'est ça, sa sérénité. C'est ça qui la remonte et lui permet de surmonter les difficultés. Et puis tout espion finit par rentrer chez lui un jour ou l'autre. Toi aussi, un jour tu vas rentrer chez toi, ton vrai chez toi. De toute évidence, Hashem veut que tu en apprennes davantage sur toi pour réussir à te trouver. Tu vas finir par rentrer chez toi Rose, très prochainement.

Il fallait que je vous partage cette histoire, car elle m'a donné énormément de force de me relever. Un courage astronomique qui m'aide depuis à continuer ma mission… en espérant retrouver ou plutôt trouver ma maison rapidement, dans la paix et la sérénité.

Je goûte à la solitude depuis le premier souffle de ma vie. La solitude n'est pas qu'une simple petite émotion, ou un seul sentiment. C'est un ensemble qui comprend le sentiment d'abandon, le rejet de la famille, l'humiliation aussi, ne l'oublions pas, la trahison, l'injustice invisible et indélébile. Cette solitude crée une déconnexion entre le réel, le concret et l'imagination. Et moi je ne tiens que sur le rêve. Mon psychologue me dit parfois : « Heureusement qu'on a des rêves. » Toutefois, peut-on tenir uniquement sur des rêveries ?

Quand je me réveille de ces rêves, quelle douleur. Alors je préfère vivre isolée chez moi que de vivre cette solitude entourée de 2 948 473 personnes. Car quand je suis entourée, cette douleur déclenche une paralysie faciale, verbale.

Cette douleur « doux l'heure », je ne la connais que trop, depuis tant d'années que je la côtoie. J'ai envie de sangloter, mais je m'en empêche « Voyons pas devant tout le monde » et je suffoque intérieurement et alors l'envie de mourir est de plus en plus forte. « Purée, Rose, t'es con d'avoir mal comme ça ? »

La solitude, tout le monde connaît un petit peu ce sentiment. Mais là, c'est chronique, à la limite du paralytique. Je n'arrive plus à bouger mes membres, à parler, à juste ouvrir ma bouche. Le son de ma voix change, elle devient comme étrangère. En revanche, le sourire, je l'ai toujours. C'est la dissociation.

Alors je me précipite chez moi, j'enlève ce masque et je pleure toutes les larmes de mon corps. Mais vous ne me verrez jamais dans cet état. On pourrait me dire : « Rose, je t'en prie, qu'est-ce que tu as ? Tu as perdu quelqu'un ? Quelque chose de grave vient de se passer ? »

Non, rien de tout cela. Mais « je pourrais m'éteindre sur place, de cette petite fille que vous avez tuée » que je rencontrerais plus jamais en outre.

Je n'ai pas perdu quelqu'un de proche mais j'ai perdu « ma petite fille intérieure à moi, la mienne qui m'appartenait » et elle ne reviendras plus jamais… plus jamais.

Je voudrais la prendre dans mes bras pour une dernière fois… Et dès que je ressors, je remets ce déguisement pour occulter cette détresse envahissante. Je me demande si on n'est pas « rien » sans parents, sans famille qui puisse donner amour et sécurité. Quand on ne compte pour personne, quand on est la prunelle des yeux de personne, la priorité de personne, on se sent tellement dévalorisée…

Les mois sont passés et en mars, j'ai effectivement eu un rendez-vous avec une association pour m'aider à déménager. Mamie s'est déplacée de Normandie pour les rencontrer avec moi et ils ont décidé de monter une cagnotte vu la situation. Malheureusement, une fois publiée sur les réseaux sociaux, beaucoup de gens ont commencé à dire que c'était une fausse histoire. Mon cœur a pris un sale coup. Les jours s'écoulaient et je voyais la cagnotte vide. J'avais mon cœur brisé de cette double peine. Non seulement j'avais vécu cette horreur et en plus, on ne me croyait pas. J'ai dit à ma grand-mère : « Il va y avoir une cagnotte pour un enfant à la rue, une femme battue, la perte de parents et les gens vont mettre, tu verras. » Car tous ces problèmes sont visibles et concrets. Alors en me voyant souriante, coquette, bien éduquée, les gens pensaient que mon histoire était fausse. En plus comme je ne cherchais pas la pitié, je racontais mon histoire presque avec un sourire. C'était aussi une manière de me dissocier et de ne pas avoir mal. Finalement, aucune personne de ma communauté ne m'a aidée financièrement. Les seules à avoir participé ont été des amies à ma grand-mère.

Puis une amie d'enfance, Ayala, a refait une cagnotte et là D. ieu merci, elle a su toucher la communauté et j'ai eu exactement ce qu'il fallait pour que je puisse déménager. Comme quoi le bon D. ieu envoie exactement ce dont on a besoin, ni plus ni moins. Merci Ayala.

Ce qui m'a fait le plus mal, c'est que beaucoup ne me croyaient pas. Je me sentais tellement seule au monde, j'avais tant besoin d'une famille qui m'entoure. J'ai appelé à l'aide mon frère Ethan, la seule chose qu'il m'a dite fut : il y a des circonstances atténuantes, j'en suis sûr. Je lui ai souhaité une bonne continuation et j'ai raccroché. Il n'avait strictement rien à faire de sa sœur, à nouveau.

De temps en temps, mon père venait manger à midi chez nous, à Boulogne. Il me demandait discrètement des renseignements sur le procès. Il rajoutait aussi : qu'est-ce que tu recevras de tout ça, de l'argent ? C'est pour ça que tu fais ça ? Ça me donnait envie de vomir une fois de plus…

Les mystères de la kabbale

Toujours à la recherche de solutions pour m'en sortir, je me suis mise à chercher un kabbaliste. J'en ai trouvé un à Paris 19e. Il disait avoir 30 ans d'expérience dans ce domaine. Après on y croit ou pas… Mais je prenais conscience que je ne pouvais pas rester entourée de gens aussi nocifs. J'avais trop d'épreuves, je devais sûrement recevoir de mauvaises ondes de quelque part.

J'ai pris rendez-vous avec ce kabbaliste et c'est mon père qui a accepté de m'amener pour pouvoir garder mon fils dans la salle d'attente pendant le rendez-vous. Mon tour arrive, je m'installe et raconte en quelques mots : « Depuis que je suis petite j'ai énormément de souffrances, pourquoi ? » Je lui demande de m'enlever les ondes négatives avec du plomb fondu, un rituel kabbalistique.

Le kabbaliste a fait le rituel puis il m'a expliqué toutes les formes et leurs explications :

– On voyait dans le plomb la forme d'un homme tenant une épée très pointue ;

– On voyait aussi que le plomb était rempli de moisissures. Le plomb n'était même plus argenté, mais d'une couleur rouillée, orangée. Puis le plomb a repris son apparence habituelle.

Le kabbaliste m'a expliqué : l'homme à l'épée était un homme qui me voulait du mal.

La moisissure symbolisait ma famille qui parlait mal de moi et m'envoyait des malédictions. Il m'a dit que c'était la troisième fois qu'il voyait ça en trente ans. Entre nous, ça ne m'étonne pas, car ma famille ne communique qu'en maudissant et insultant.

Avant de sortir, je me suis mise à pleurer et je lui ai demandé une vraie question : Je sens que mon père n'est pas sincère, « Pouvez-vous me dire dans les Tehilim s'il l'est vraiment ? »

Il m'a répondu : « Non, madame, il n'est pas sincère. Faites attention à ne pas lui donner des renseignements sur vous, prenez ce qu'il y a à prendre, mais ne lui confiez plus rien. »

Je ne voulais pas le croire « monsieur, je ne vous crois pas ! ». Il m'a dit « madame, si je vous mens avec les psaumes, je vais en enfer D… m'en préserve ». J'ai compris qu'il n'avait pas d'intérêt à ce qu'il mente. Mais je ne pouvais pas l'accepter, c'était si dur. Je me suis mise à pleurer devant lui.

Malgré tout, je l'avais senti et ce qu'il m'avait dit venait conforter mon intuition. Et à partir de là, je ne lui ai plus rien confié, ni sur moi ni sur mon fils ou mon ex-mari et ni sur la procédure. J'ai pris tous les bons conseils du kabbaliste :

Je parlais avec mon géniteur du temps et de la pluie et j'ai commencé à me sentir mieux comme ça. Je n'avais plus de gens toxiques autour de moi et je ne me confiais plus du tout à mon père – pour le peu que je lui confiais déjà.

Le buzz de l'été 2019

L'été arrive, nous étions fin juin, il me semble et mon père m'appelle tout content :

— Ma fille, il me dit, j'ai une surprise pour toi demain. Ta grande sœur Tova est en France pour quatre jours, on vient demain chez toi.

Pas de point d'interrogation comme d'habitude, il ne me donnait pas le choix : l'emprise !

Je pense sérieusement que mon père ne sait même pas ce que j'aime et ce que je n'aime pas, ce qui me fait plaisir ou pas. Car ses surprises à lui sont pour moi des embûches pour avancer sereinement.

Cette nuit, je ne dormis pas. Je réfléchissais : était-ce possible que ma grande sœur regrette vraiment tout ce qu'elle m'avait fait ? Allait-elle me demander pardon ? Je rêvais d'une grande sœur gentille et que nous allions devenir des sœurs liées à jamais.

Six ans étaient passés depuis le décès de ma mère où je l'avais vue en un coup de vent. Mais autrement, cela faisait treize ans que je ne l'avais pas vue, comme ma sœur Galit d'ailleurs. Par la fenêtre, je la vis arriver. Elle ressemblait énormément à ma mère, la ressemblance était flagrante et j'en avais presque peur. Mon cœur battait la chamade alors qu'elle montait accompagnée de mon père.

Mon père avait amené un seul poisson à partager. « Un poisson à partager à trois », je ne comprenais pas trop… J'ai pris la tête pour leur laisser les plus gros morceaux. Une fois, ma sœur Tova m'avait dit en Israël : « Toi, Rose, tu serais prête à donner ta culotte tellement tu es gentille. » Je m'en souviendrais toute ma vie.

Mon père me dit : ton frère Avinou (l'agresseur) est très gentil, il m'a donné 600 € pour le Sefer Torah de Maman. Et il m'a montré la liasse de billets. C'était si bas de sa part… Il était prêt à tout pour montrer une famille parfaite.

La toute première chose que ma sœur m'a dite en rentrant fut : « Tu sais, j'ai changé, je ne suis plus la même. » Je ne comprenais pas pourquoi elle me disait ça, je n'avais rien demandé à moins qu'elle n'ait quelque chose à se reprocher ? Il ne fallait pas qu'elle s'inquiète, car, par contre moi j'avais beaucoup changé aussi ma sœur…

À la fin du repas qui a été très rapide, 45 minutes à tout compter, ma sœur a dit : « Allez, Papa, on doit aller faire les magasins. » Elle semblait effectivement très pressée de voir sa petite sœur chérie après tant d'années… D'ailleurs, elle m'a même proposé d'aller faire les soldes avec elle… L'ironie fait du bien, n'est-ce pas ?

Tova a terminé en me disant : « Ça m'a fait super plaisir de t'avoir vue. » Quel fou rire j'ai eu... À peine si elle arrivait à me regarder en face. Je ne sais pas ce qui la bloquait à ce point… Pense-t-elle toujours que je suis une petite capricieuse avec toutes mes séquelles ? Vu les phrases assassines qu'elle a pu me dire comme :

« Ton histoire c'est comme du lait qui s'est renversé ! » ou encore « Tu veux que tes frères se suicident à cause de toi ? » « tu casses, tu brises la chaîne de la famille ? » OUI, ma grande sœur chérie, effectivement je veux briser cette chaîne « toxique ». Elle espérait peut-être me tuer en m'assénant ces cruautés. Heureusement, la résilience est venue à mon secours.

Je ne sais pas ce que veut dire son regard. Me le dira-t-elle un jour ? Bref, je n'ai toujours pas compris l'intérêt de cette visite de 45 minutes avec ce gros poisson dans leurs mains. C'était peut-être pour les protéger d'un mauvais œil qu'ils pensaient que j'allais leur jeter ? L'humour est la politesse du désespoir… Au revoir ma grande sœur chérie, ça m'a fait très plaisir de te revoir, et surtout à très bientôt… Ceci dit, cela fait quatre ans que je n'ai plus de nouvelles d'elle.

Un divorce dans la sérénité

Un enfant, ça ouvre les yeux. C'est tellement vrai et innocent que ça n'amène que du vrai. C'est grâce à mon fils que j'ai commencé à prendre conscience que ce que je vivais n'était pas ce que je désirais. Et que c'était mieux de vivre un divorce réussi qu'un mariage raté. C'est ainsi que j'ai décidé de divorcer. Grâce à D. ieu, notre divorce s'est passé à merveille pour notre petit bout. C'est aussi mon cadeau, je rêvais de ça. Quelques amies me disaient qu'un divorce n'était jamais comme ça, mais je voulais y croire. Mes derniers mois avec mon ex-mari, je continuais à prier pour que notre séparation se passe bien et grâce à D. ieu, ça s'est réalisé. Bon, ce n'est pas l'amour fou non plus, lol, faut pas exagérer Rose !

Même si un divorce n'est pas évident, c'est à nous adultes de le rendre plus serein pour l'enfant et moins égocentré sur nous. Nous sommes restés ensemble presque 6 ans, mais nous ne nous entendons plus depuis le début de la grossesse. C'est pour cela que j'ai décidé de divorcer, pour ne pas faire grandir mon fils dans un couple sans amour, sans tendresse. Avec tout le malsain que j'ai pu vivre en 34 ans, j'essaye de faire tout le contraire de ce que j'ai vu chez moi. Car je savais que je ne souhaitais pas cela pour la chair de ma chair. Je me suis éduquée toute seule, on va dire ça comme ça.

Ce monde est dingue tout de même. À ce moment, en pleine instance de divorce, je faisais semblant de ne pas comprendre, de ne rien comprendre, de ne rien remarquer. Mais j'analysais tout et d'ailleurs encore jusqu'à présent. Chaque fois que je déclarais aux gens que j'étais en plein divorce, je voyais la peine sur le visage des gens. Mais quand je disais que j'avais été victime d'inceste et de violences, on me disait que je jouais la victime, que je devais sortir de la victimisation. Je ne saisissais pas trop. Qu'est-ce qui dérangeait à ce point ? Qu'est-ce qui leur faisait peur.

Je n'oublie pas toutes les kinésiologues, EMDR, neuro-feedback, ces femmes qui avaient fait des formations de 3 jours et demi et qui me jugeait du haut de leurs maigres connaissances avec des phrases comme :

« Je vais vous aider à sortir de la victimisation. »

« Vous êtes toujours dans l'engrenage de la victime », etc.

On me disait que je jouais la victime alors que j'en parle tout à fait normalement, car pour moi c'est un sujet comme un autre. Quand je n'en parle pas, on me dit qu'il faut en parler. Quand je veux aider les autres victimes qui sont passées par là, on me dit qu'il faut que je sorte de ça. Et quand je dis faire une thérapie, on me dit d'arrêter avec ça et que je dois arrêter de ressasser.

Qu'ils aillent tous courir ! Et avec le sourire.

Le pire c'est que je suppose qu'elles ne sont pas passées par là. Je m'interroge donc sur ce manque d'empathie. N'ont-elles pas conscience des conséquences que ces souffrances peuvent engendrer dans une vie ? Ou alors vous vivez dans un monde de Bisounours. Ou alors c'est de la connerie humaine, tout simplement. Ça doit être ça ! Ah oui que je n'oublie pas ! La phrase « Allez, souris à la vie Rose et la vie te sourira ». Mais la vie me sourit comment depuis le premier jour de ma vie ? Je dirais un sourire sarcastique. Doit-on rire ou pleurer ? Je ne sais pas, je ne sais plus. Quelle mélancolie.

Une phrase aussi qui m'enchante énormément c'est « Tu te prends en main maintenant, c'est bien, tu regardes devant. » Mais est-ce que je t'ai attendu au juste ? Pour qui tu te prends toi pour me dire des conneries pareilles, avec ta psychologie de comptoir.

Mes psychologues depuis douze ans de travail acharné, de combat, d'analyse, ne m'ont jamais sorti ces phrases assassines qui culpabilisent tellement.

Mais elles jouent aux grandes psys avec leurs quatre jours de formations et adorent ces phrases toutes faites et leurs conférences aux titres ridicules : « Êtes-vous spectatrice ou victime de votre vie ? » Waouh le gros débat de Freud… Avez-vous déjà vu des conférences de Muriel Salmona ou Boris Cyrulnik avec des noms de conférences pareils ? C'est un conseil que je donne à toutes ces personnes : sollicitez des conseils, de vrais psychologues, de vrais psychiatres qui ont une vraie carrière. Car mon cerveau ne peut plus entendre ces discours, qui ne veulent rien dire. Au bout de 35 ans, je ne veux plus aucune leçon de morale de la sorte – sans prétention. La pire des phrases que j'ai pu entendre c'est « tu as un fils Rose, c'est lui ta famille ». Pensez-vous vraiment que je ne le sais pas ?

Je l'ai mis au monde, et c'est à « moi de le protéger » et non pas le contraire. Cet enfant reste à sa place. Mon enfant ne sera jamais ma mère ni mon père, il ne remplacera jamais une famille que je sache alors cesser avec tous ces types de phrases assassines qui ne sont là que pour culpabiliser et remuer le couteau dans la plaie.

En aucun cas, je ne serai une future victime pour jouer la miskina, la pauvrette. Je suis une future survivante, mais un mot reste un mot. J'étais victime au passé, et ce sera le cas toute ma vie. Et quand on me compare, quand on me dit de relativiser, eh bien… Je ne vous le souhaite pas. Il y a des problèmes, mais il y a aussi des crimes. Il suffit de lire un dictionnaire.

Oui, l'inceste est grave et puni par la loi. Mais est-ce que ça veut dire qu'écrire mon livre sur l'inceste c'est jouer la victime ? Est-ce qu'ouvrir une association sur ce combat c'est aussi faire la victime ? Mettre des préventions dans les écoles, en parler ouvertement, est-ce que ça aussi veut dire que je joue la victime ?

Que se passerait-il si chacun disait cela ? On ne ferait plus de préventions sur tous ces sujets. Morts et enterrés. (Et les coupables en sont contents, n'est-ce pas ?)

En revanche, si je fais psychologue et que j'ouvre mon cabinet avec mon « diplôme », alors là c'est le buzz. On va me dire que je ne plus la victime ne serait-ce que parce que j'ai ce diplôme ? C'est dingue tout de même.

C'est dingue qu'on considère qu'une personne lambda ne puisse œuvrer à participer aux préventions, à lever le silence sans diplôme, sans être accusée de jouer la victime. Pourrait-on m'expliquer cela ? Je ne conçois pas bien la différence…

Il y a quelque chose qui m'importune grandement, c'est le fait d'entendre de manière régulière : « Allez Rose, lève-toi, il faut se battre dans la vie ! Il y a pire ! Donne-toi les moyens, secoue-toi », etc., et toutes ces phrases qui ne veulent rien dire. Et surtout, qui me dit ça ? Ce sont toujours des personnes qui sont dans l'incapacité de vivre sans papa-maman, qui ont eu toute leur vie livrée sur un plateau d'argent… Et c'est à moi qu'ils vont faire ces leçons de morale ? Leurs parents ont tout donné pour qu'ils soient heureux : de l'amour, de la tendresse, de la sécurité. Ils les ont épaulés, les ont aidés à payer leurs études, leur ont acheté leur voiture, payé leur permis, leur mariage, c'est à moi que tu vas dire de me lever et de me battre ? Alors que mon papa et ma maman ne m'ont pas donné plus de 42 euros en 35 bientôt ? Qu'ils m'ont laissée vouée à moi-même, bébé, enfant, ado, femme et D… merci maman. Si je suis là aujourd'hui, c'est « sans eux », et grâce à eux aussi… Vive l'humour ! Toujours voir le bien, n'est-ce pas ?

Au cas où un jour je m'en sors, au cas où un jour je serais heureuse, ce n'est pas parce que papa-maman auront tout fait pour moi et mon bien-être. Et au contraire, je dirais… Mais ce sera parce que je me serai battue pour construire mon propre bonheur. Ce bonheur que j'aurais inventé, sans compter sur personne. Ce sera ma plus belle satisfaction, ma plus grande fierté, avec mon fils bien évidemment. Un bonheur créé uniquement grâce aux petits outils de vie dont j'ai pu disposer. Je vais diffuser ces vibrations de résilience. Concrètement, je suis une femme brisée qui ne s'en remettra jamais, même si je fais un travail psychologique convenable pour le dépasser. Je me bats, ça, c'est du courage, mais ce n'est plus pour moi. C'est pour les autres femmes, enfants, hommes aussi, car les hommes les vivent aussi. C'est pour que toutes les victimes lèvent leur voix. Tant que je poursuis ces combats-là, je me dois d'être optimiste. C'est voir le positif qui me tient en vie, autrement je ne mènerais pas ces luttes. L'enjeu est très important et il portera ses fruits, je reste confiante. Et dans tout ça, quand ai-je pu pleurer en sanglots dans les bras de quelqu'un sur qui j'ai pu reposer ma tête ? Jamais.

Une personne qui me dit : « Ça y est, Rose, c'est fini les souffrances, plus personne ne te fera du mal, tu n'es plus toute seule… »

Quand ? Pas encore. Je crains que le jour où cela m'arrivera véritablement, je ne puisse plus m'arrêter. Oui, j'ai peur.

Cette sensation de soulagement, de sécurité, je ne les connais pas. Car actuellement, je survis. Je n'ai pas le choix que de tenir bon sans me plaindre et de rester debout face aux adversités. La solitude que je vis dégage une douleur inexprimable. Cette douleur je l'appelle « mort intérieure », car c'est ce que je ressens, chaque seconde. Mais encore une fois, rien ne se voit. Je vis comme dans une espèce de coma, enfin, une bonne partie de moi. Je n'exagère pas en parlant de mort. Que veut dire la mort ? C'est une dissociation, un genre de coma pour toujours, seule au monde dans son cercueil, éteint. Hélas, l'âme est immortelle. Le corps part et ça, c'est bien la différence avec moi. Mon âme monte, meurt à petit feu. Je ressens cette mort immédiate tandis que mon corps vit encore. J'essaye de tenir bon, d'attendre jusqu'à apercevoir la lumière au fond du couloir. Est-ce illusoire ou plausible que d'attendre et de garder espoir ? Tout est entre les mains de D..., tout est imprévisible.

Quelquefois quand des personnes souffrent terriblement, elles disent : laissez-moi monter vers le ciel pour que je ne souffre plus. À 34 ans, avec toutes les épreuves que j'ai pu endurer, je le déclare haut et fort. J'ai même déjà prié pour ça. Mais on m'a dit : « Mais Rose tu as la vie devant toi ! Tu as des jambes, des bras, tu vis ! Tu es jeune, la vie est belle ! »

Mais non ! Arrachez-moi plutôt mon âme pour que je ne souffre plus dans ce bas monde qui n'est pas pour moi. Mes souffrances sont invisibles, illisibles sur moi. Je larmoie.

Il est si dur de sortir la tête de l'eau quand on se noie dans ces peines… Chaque fois que je suis mélancolique, je ne peux pas me tourner vers mon père, ni vers ma mère ni vers un frère, une sœur, une cousine, un lien de sang. C'est bouleversant. Alors je me diriger vers la nourriture, me faire vomir… Car les mots ne sortent pas, ou bien vers D…

Mais je ne sais même pas pourquoi je me tourne vers lui alors que c'est lui qui m'a envoyé tout ça… La colère est légitime. Cette douleur est d'une intensité… Cette détresse psychologique est inconsolable. Aujourd'hui, on peut m'offrir 20 millions, une maison, des vacances… Laissez tomber, rien ne me rendra mes 34 ans de souffrance. Car ma souffrance n'est pas comparable au matériel. J'ai l'impression d'avoir fait tout ce qu'il faut pour m'en sortir, et même plus, au-delà de mes forces ! Mais la douleur est encore là, elle m'embête encore, et je ne la veux plus. Je me sens démunie face à cette dépression interne, camouflée, cachée dans le dictionnaire et chaque mot à sa signification. Il y a Épreuve, Petits problèmes, Souffrances, Drames, Crimes… Chaque mot doit être à sa place et chaque mot a ses conséquences, plus ou moins graves.

Heureusement, le bonheur de mon enfant a été contagieux, ce petit être m'en a transmis, et c'est ça qui m'a permis de voir autrement la vie.

Je vous fais un petit aparté, mon mari et moi avions organisé une jolie fête pour notre petit prince lorsqu'il a eu 4 mois. L'occasion de fêter sa naissance avec ceux qui n'avaient pas pu venir à la circoncision. C'était à Paris, dans une synagogue du 7e arrondissement, j'avais invité mon père ainsi que mon frère Ethan, sa femme et ses enfants. Mon père n'avait même pas essayé de m'aider pour la fête. Pas grave, avec lui j'avais l'habitude de me débrouiller toute seule. Le comble c'est qu'il m'a quand même dit de lui prendre un taxi (de Boulogne à Paris 7e…). Mais oui papa, je te paie tout ce que tu veux avec plaisir, même un taxi privé… Arrivés à la fête, mes neveux et nièces ont demandé à leur mère qui j'étais. « Maman c'est qui elle, » comme si j'étais une inconnue… Mais ce n'était même pas comme si, j'étais vraiment une inconnue, et eux aussi pour moi. Ça m'a fait tellement mal au cœur, innocemment ils avaient touché une plaie, j'avais l'impression qu'on m'avait enfoncé un couteau en plein dans le cœur, j'avais du mal à respirer. J'ai ravalé ma salive sans dire un mot.

Qu'est-ce que c'est que ces familles anormales ? Je me sentais rejetée comme lorsqu'on s'approche d'un caca et qu'on dit « Beurk, ne t'en approche pas ». Voilà quelle image ils m'avaient mise dans la tête. Dans ce livre j'utilise les mots père et mère, mais en vrai, ils n'ont été que des géniteurs, rien d'autre. Et leurs enfants sont des étrangers pour moi.

Ce livre a été écrit en six mois. En réalité, c'est trente-quatre ans de ma vie. Cette histoire n'est pas seulement du passé, c'est du passé, présent et futur. Car c'est ma vie, encore celle d'aujourd'hui et celle aussi qui fera mon futur. C'est cette histoire qui fera la femme que je serai demain, avec ces bagages, ces transformations qui m'ont été nécessaires pour vivre et survivre. Comme me l'a dit mon psychologue M. A., « vous pouvez prendre de la cendre et en faire quelque chose de magnifique ». On peut faire quelque chose de bon avec toutes ses expériences. Et je fais tout pour.

D'ailleurs, chaque fois qu'une personne proche de moi (je les appelle des « émissaires de D. ieu ») me dit des paroles qui me donnent du courage, je les note à la minute pour pouvoir les relire lorsque je me sens désespérée. Car je sais que cela m'aide.

De vieilles racines amères

Je peux écrire un, trois ou dix livres, aucun mot ne pourra exprimer ou traduire entièrement toutes ces années d'enfer et de souffrance. Les plus grandes douleurs sont muettes – sûrement que pour certains, l'existence est une succession de souffrances.

Au vu de tout ce que j'ai pu souffrir, je me demande parfois si je n'avais pas à réparer quelque chose ici dans ce bas monde. J'ai l'impression d'avoir vécu dix vies dans une seule tellement j'en ai éprouvé. Combien de Tikounim (réparations) devrais-je encore endurer ? Quand est-ce que j'aurais cessé de payer pour les âmes précédentes ? Peut-être en écrivant ce livre pour les générations suivantes. C'est peut-être comme cela que je réglerai les choses pour les descendances d'après.

J'entends souvent : « Ce n'est pas mon jour aujourd'hui. » Or pour moi, ce n'est ni mon jour, ni ma semaine, et ni mon année d'ailleurs…

En fait, ce n'est pas ma vie, je crois… Je plaisante bien sûr, mais vous devez savoir que dans toute plaisanterie il y a une part de vérité…

La vie s'acharne sur moi alors que je n'ai pas une once de méchanceté envers le monde. Je ne fais aucun mal, aucun préjudice envers personne, je laisse le monde vivre comme il le sent sans leur faire de torts, alors pourquoi ?

Je viens tout juste de comprendre, c'est ma « dette karmique », avez-vous déjà entendu parler de cela ? C'est le résultat des erreurs commises dans le passé. Bon, c'est pas mal, ça m'aide à travailler sur moi-même, à grandir spirituellement, c'est peut-être ça qui me forge aujourd'hui. Il faut toujours voir le bon côté des choses, or il faut être réaliste, aussi un petit chouïa quand même.

L'humour est comme le café : il est meilleur très noir.

Mes guides : il y a encore 11 liens karmique qui vont arriver dans ta vie Rose, 53 blessures d'âme à guérir, 1324 leçons de vie à apprendre et appliquer, 15 défis à fort impact émotionnel à relever, et encore 2 catastrophes naturelles à traverser avant ton éveil ultime. Continue, tu es le bon chemin.

MOI : en train de boire un coup Léhaiim, lol.

Je devais être un monstre, ou une sorcière dans une vie antérieure.

L'humour noir est une forme d'humour qui souligne avec cruauté, amertume et parfois désespoir l'absurdité du monde face auquel il constitue quelques fois une forme de « défense ». Eh oui, on se défend comme on peut.

Sans doute que dans ma vie antérieure, j'avais dû faire du mal ? Et que c'est pour cela qu'aujourd'hui je dois payer toutes ces dettes, qui sait ? Retour de karma… Je ne suis pas dans les comptes du bon D… mais j'aimerais des fois lui dire : je t'en prie, cesse tout cela, j'ai assez expié.

J'ai des fois l'impression que cette famille n'est pas la mienne tant je me sens différente d'eux. Comme si j'avais été victime d'un maléfice qui m'aurait mis dans cette famille pour me faire réparer quelque chose d'une vie passée. Et si on s'était trompé de famille ?

Je n'incarne pas le mal en moi. Maintenant que je sais tout cela, que j'ai bien acquis ma leçon de vie, je ne demande qu'une seule chose : comment mettre à expiration ces dettes ? Je verserais ce qu'il faut…

Je peux vous expliquer avec une métaphore ce que j'endure au plus profond de moi-même en collectivité, que cela soit lorsque j'étais à l'école, au séminaire ou lorsque je suis invitée chez des gens, en soirée, à la synagogue, etc.

Imaginez-vous que tout le monde ait reçu un ou même plusieurs délicieux chocolats Damyel ou Jeff de Bruges. Chacun le savoure, le déguste, en parle entre eux. À l'exception d'une personne : moi.

Comme si le bon D... avait décidé qu'on devait m'offrir un chocolat, mais avec… un bon piment bien piquant dedans ! Pour pimenter ma vie ! C'est absolument réjouissant, ne trouvez-vous pas ? C'est comme ça Rose, inutile de discuter. Tu prends ce que je te donne et tu n'as pas le choix. Toi, Rose, tu n'auras pas de chocolat doux. Et il n'y a pas de pourquoi ? Et pas non plus de réponse. « Zé Ka'ha SheHashem Rotzé ! » (C'est comme ça que D… veut.)

Comment se sentir face à cette injustice ? Eh bien, il y a l'envie, le désir au début. Et puis la frustration – que je connais si bien d'ailleurs, la tristesse de ne pas avoir comme tout le monde. Est-ce que je ne le mérite pas ? Ai-je fait quelque chose de mal ? Dois-je me faire pardonner de quelque chose que j'ai commis ? Suis-je une fille pas bien ? Beaucoup d'énigmes…

Puis après tout, cela vient la colère. La colère, car je ne sais pas trop le pourquoi. Pourquoi D… m'a-t-il privée d'autant de choses « normales » de la vie ? Je me suis habituée à la souffrance. Je m'endurcis, c'est la vie. On s'habitue à tout, n'est-ce pas ?

Et enfin, vient l'acceptation. J'admets, j'ai un peu de mal à accepter, mais bon, j'essaye de voir le positif. J'ai reçu au moins un chocolat, même s'il est piquant.

Toujours voir le bien…

Lorsque je suis seule, retirée, je ne ressens rien de toutes ces émotions et au contraire, parfois j'apprécie, car on ne touche pas à toutes ces alarmes ultrasensibles que j'ai en moi. Et je me dis « Il y a pire que moi ». Et c'est vrai. Alors que devant les faits accomplis, je ne prie plus « pour demander » ce que je n'ai pas, mais pour que le bon D. me donne « la force de ne pas les avoir ». C'est triste tout de même, après tout je suis juste « humaine ». Je ne me plains pas, c'est juste un fait. Des fois, j'aimerais grimper dans une navette pour un monde meilleur.

Je ne suis pas cruelle, je ne suis pas un monstre, je suis juste différente des autres membres de la famille.

Je ne désire pas m'adapter à la méchanceté, à l'hypocrisie, au faux semblant, à la limite de leur folie et à leurs règles familiales un peu bizarres et dysfonctionnelles. Pardonnez-moi, je ne veux pas faire partie de leur bazar. Je brise cette chaîne familiale, mais est-ce que ça fait de moi un monstre, une bête noire ?

J'ai juste dit « haut » ce qui se disait en « silence ». Je souhaite libérer la parole de ces schémas malsains répétitifs. Je suis la révoltée de cette généalogie toxique et la rejetée aussi. N'oublions pas. Ils feront tout en sorte pour rester soudés, unis, à maintenir cette soi-disant chaîne nocive. Comme une secte en jouant dix mille facettes. Même si je persiste à rester sur ma position de la justice dans ce monde de mensonges, parfois ça pèse lourd dans mon cœur de me sentir si seule, à remettre toutes ces pièces de puzzle à leur place. Mais il faut persévérer pour les générations suivantes. C'est peut-être le médicament pour toutes ces victimes, qui sait. En moi se jouent les non-dits de cette famille. Et ils feront parler d'autres victimes d'elles-mêmes. Non, je ne suis pas le symptôme de la famille. Je suis le mouton noir qui ne veut pas faire comme tous les autres moutons de couleur blanche.

Il n'a pas été écrit pour être mauvaise avec ma famille (qui ne l'est plus d'ailleurs), mais juste pour vous confirmer que ces familles dysfonctionnelles existent bel et bien et qu'il faut dénoncer tout ce qui est violent et toxique. Et que même si c'est vos « proches » de sang qui sont nocifs, il faut s'en éloigner, et s'éloigner loin, le plus loin possible. « C'est de la sagesse non pas de l'ingratitude. » C'est du RESPECT DE SOI. Soyez bien, mais loin de moi.

À mon sentiment personnel, ce livre est comme un sparadrap, je vais développer, ça arrive, les gens ! Soit, on l'enlève tout doucement et ça me mange de l'intérieur, soit j'arrache « d'un coup » et enfin toute la vérité éclate au grand jour « d'un coup », ça suffit de tourner autour du pot. « Il n'y a pas meilleur pansement pour une victime que de la reconnaissance du crime qu'il a subi ». Et avec ça, je n'ai raconté que 70 pour cent pour les âmes sensibles. Oh et d'ailleurs à ce sujet, que vous soyez directeur d'école ou d'association, journaliste, médecin, professeur, rabbin, psychologue, peu importe le métier, si vous recherchez un témoignage à visage découvert et qui en parle librement, voici mon adresse mail : roseadina26@gmail.com

Ils ont brisé une bonne partie de ma vie, mais je vais faire en sorte que le reste de ma vie soit un feu d'artifice de bonheur. Tant de larmes ont coulé durant 34 ans, alors mon souhait aujourd'hui est de pleurer autant, mais de joie, de bonheur, à ne plus pouvoir respirer. Ma seule attente après tout ce combat acharné.

J'imagine que cette famille a été frappée par une malédiction, par plusieurs croix différentes et tellement lourdes.

Tout a commencé par ma maman qui était très souffrante psychologiquement déjà même avant qu'elle se marie. Et bien sûr, on ne tombe pas dans la dépression pour rien, le corps en sait quelque chose, car on ne peut rien lui cacher. Tout ce qui est enfoui ressortira un jour, quoiqu'il arrive.

Qui y a-t-il bien pu se passer dans les années antérieures pour en arriver à une famille dysfonctionnelle à ce point ? Quelques années après, Yehiel mon grand frère a fait des crises de folie monstrueuses à la maison, comme s'il avait un démon en lui. Ça a dégénéré dans la schizophrénie et il est tombé gravement malade sur le plan psychologique à cause de l'inceste qu'il a vécu. Après lui, l'inceste a continué sur moi avec cinq personnes et sur un autre frère également. Et quelques années après, je suis tombé dans l'anorexie, la boulimie, les tentatives de suicide, l'hôpital psychiatrique, etc., car le corps faisait appel : ne m'oublie pas, je suis là.

J'ai été attentive aux signaux et j'ai accepté de me faire soigner et d'en parler.

N'AYEZ PAS PEUR DE PRENDRE UN ITINÉRAIRE DIFFÉRENT DES AUTRES…

Ma mère atteinte d'un cancer du foie est décédée en très peu de temps. Mais mon gentil papounet me dit que c'est à cause de moi bien évidemment. Ma grande sœur qui s'est mariée après tant d'années de souffrance a vu son mari mourir un an après, quelle tristesse.

Entre-temps, je me suis mariée, et un frère s'est retrouvé en garde à vue pour viol sur sa petite sœur chérie et en prison pour blanchiment d'argent.

Quatre ans après, j'ai divorcé, et Dorit s'est, D. ieu merci, remariée avec un homme bien.

Mon père a eu des soucis de santé, il vomissait du sang et il disait encore que c'était à cause de moi. « Tout est de ta faute, tout ! DIS-MOI PARDON ! Mais qui t'a élevée ? Ce sont tes écoles religieuses ? » (Laissez-moi rire)

Ma sœur Galit est également tombée malade du foie. L'autre s'est enfui en Israël pour se planquer après son blanchiment d'argent et mon père l'a bien sûr aidé à s'enfuir tout en étant complice de ses magouilles. Galit est de nouveau tombée très très malade.

Tant qu'une des victimes ne lève pas le secret, les violences perdurent sur les générations suivantes sous différentes formes. J'en souffre terriblement, d'une douleur indéfinissable. Parfois, la culpabilité revient de nouveau et je me sens comme responsable. Je suis inconsolable.

Après tant d'années, voilà où en est ma situation familiale :

Je n'ai pas vu ma sœur aînée Tova depuis 4 ans – depuis son dernier passage chez moi.

Je voyais régulièrement mon grand frère Yehiel, mais mon père lui a monté la tête contre moi alors il n'ose plus trop me voir, même s'il en a très envie. La dernière fois qu'il est venu à la maison, j'avais préparé une jolie table, un bon repas et même un petit cadeau, car je l'aime et je ne lui en veux pas, je sais qu'il est sous l'emprise de mon père. (Une vraie secte cette famille !)

Je n'ai pas vu ma sœur Ava depuis deux ans, mais c'était par FaceTime et surtout… par intérêt. Je sentais que ce n'était pas sincère. De face à face je ne l'ai pas vue depuis le décès de ma mère, il y a sept ans.

Je n'ai pas vu ma sœur Galit depuis seize ans si mes comptes sont bons. Elle habite en Israël. Je pense fort à elle, car elle est fragile. Je sais qu'elle garde quelque chose en elle qu'elle n'arrive pas à exprimer.

Le frère qui m'a agressée, Avinou, je l'ai vu vite fait il y a deux ans quand il a déposé un sac chez moi de la part de ma grande sœur, mais je ne l'avais pas vu depuis le décès de ma mère.

Je n'ai pas vu mon autre frère Akiva qui m'a agressée depuis douze ans environ. Je sais qu'il a énormément souffert de son vécu aussi. Je lui souhaite de trouver la paix.

Cela fait quatre ans que je n'ai pas revu Ethan. Il est venu à la circoncision et depuis, plus de nouvelles.

Pour les agresseurs, l'un d'eux est allé en prison pour huit mois. Mon père m'a rapporté qu'il allait tous les dimanches matin lui apporter des repas casher. Autant de fois qu'il venait me voir à la Clinique d'Epiney, je « lol », ça fais du bien non ? J'ai prié D. ieu pour qu'il ouvre les yeux là-bas, enfermé entre quatre murs. Qu'il se remette en question de la gravité de son crime. Car oui, c'est un crime de violer sa petite sœur : l'inceste.

Au bout de huit mois, il est sorti de prison et a déménagé pour fuir la France et les ennuis qu'il s'était lui-même créés. « On peut arnaquer tout le monde, mais pas D. ieu », sachez-le. Les problèmes que l'on fuit nous poursuivent où que l'on soit. Et la difficulté de l'addiction sera toujours là, quel que soit le pays. Il faut se faire aider, soigner. L'addiction est le symptôme de sérieux problèmes enfouis. Il ne faut pas avoir de honte à se faire épauler par un psychologue. Le bon D. ieu a créé des médecins pour la gastro, pour les maux de dos. Les psychologues eux sont là pour soigner les maux de la tête et du cœur. Il est même parfois vital d'aller se faire soigner chez un psychologue, car tout cela peut pourrir de l'intérieur. En tout cas pour moi ça l'a été. Mais non, je ne veux pas de votre pitié.

Avant de clôturer ce livre, j'aimerais vous parler de prévention. On dit souvent de faire attention aux étrangers, de ne pas ouvrir la porte aux inconnus. Mais selon l'enquête IVSEA par l'association Mémoire Traumatique et victimologie de la Dre Muriel Salmona 94 % des viols et agressions sexuelles sur les enfants sont du fait de proches, dont 51 % du fait de membres de sa famille, et quand l'enfant a moins de 6 ans c'est à 70 % des agressions incestueuses. Faites attention à vos enfants dans vos familles : cousins, cousines, oncles, tantes. Car c'est surtout dans les familles que ça se passe. On peut respecter nos proches, nos voisins, nos amis, mais pas donner toute notre confiance. La perversité est partout.

Donner bon sens et sagesse à toutes ces souffrances

Après tellement de traumatismes, je perçois le monde avec un autre regard et un système nerveux et cérébral différent que la normale.

Donc ce livre ne peut pas être organisé de la même manière qu'un récit super bien ordonné, avec un début, un milieu et une fin, car justement les traumatismes anesthésient le cerveau, et font en sorte qu'il y ait des moments flous, des blancs où l'on ne se souvient de rien, ou bien des souvenirs bien ancrés, des flash-back, des ressentis comme ça me vient, quand LUI mon cerveau est prêt à le recevoir. Hélas, ce n'est pas un roman à l'eau de rose. Mais je vais essayer de donner une directive à cette fin rose…

Peut-être qu'Hachem veut que je sois son messager ? À vrai dire, nous ne sommes pas obligés de nous comporter comme les méchants, ou de nous venger de manière brutale. Il y a une différence entre la revanche et la vengeance. Dans la vengeance, il y a un peu de rancœur et de méchanceté. Or la revanche, c'est prendre sa revanche sur soi-même, sur la vie, sans forcément refaire du mal en retour, mais au contraire, prendre ce mal et le transformer en bien. Puis le fait d'avoir traversé tout ça me permet de comprendre la douleur des autres et de les accompagner vers un chemin de guérison – l'empathie n'est pas donnée à tout le monde. Il faut toujours prendre le bon des choses !

Vers le chemin de la guérison et de la reconstruction

Je termine ce livre avec mon enfant et le divorce, les plus belles choses qui me soient arrivées. Je voudrais finir ce livre avec mon enfant, car c'est plus qu'un miracle, et mon divorce, car c'est « une ouverture à une nouvelle vie ». Je ne voulais plus subir, je voulais mettre un stop à tout ce que je ne voulais plus dans ma vie et ce que je voulais aussi, cela va de soi.

Le traumatisme paralyse ce sentiment « d'être maître de soi-même », c'est l'empêchement de prendre connaissance de son corps et son esprit, de se sentir enfin libre, et de là tout commençait à couler vers le mieux tout en douceur avec ce « travail psychothérapeutique ». Sans ça, je ne sais pas si c'est possible… Je voulais que ma vie commence aujourd'hui.

Ce n'est plus mon inconscient qui me téléguidait. J'ai eu, comme un déclic, une prise de conscience libératrice. J'étais en grande souffrance de ne pas comprendre ce qui se passait jusque-là. Et avec mon psy, je voulais absolument sortir de cet emprisonnement inconscient qui me dirigeait. En tout lieu, je sentais violemment des malaises, en me disant que c'était soit la mort, soit la résurrection, et j'ai décidé de ressusciter enfin pour moi, avec beaucoup de patience, de compréhension et de la lumière et le déclic est arrivé. C'est vraiment inattendu, surtout « libérateur ». Ça peut être un mot, une rencontre, un endroit…

Moi c'était « la rencontre avec mon fils », et le fait que je ne voulais en aucun cas lui faire subir des violences. Comme si le voile se déchirait devant moi, spectatrice. Ma vie défilait devant moi en une fraction de seconde, comme un film…

Ce déclic se produit souvent suite à une éclosion longue et mystérieuse dans la marmite du subconscient. Ce déclic m'a fait changer de vie, d'endroit, de moi intérieur comme une révélation intuitive.

« Ah ça y est, j'ai tout compris c'est une évidence, je ne suis pas folle ! » Comme un tonnerre de compréhension, petite étincelle imprévisible qui change intégralement ta vie et ta vue en outre… Je ne vois plus les choses de la même manière après ça.

Des horizons se sont ouverts aussi…

Ce ne sont plus mes automatismes ni mon traumatisme qui me dirigent, c'est enfin moi qui dirige les rênes…

J'existe pour moi… Et partir de là, ma vie s'est renouvelée et j'ai pu constater que la positivité s'introduisait dans ma vie petit à petit. « Lorsque vous ne permettez plus aux gens négatifs, toxiques de prendre le dessus sur vous, vous vous offrez l'occasion de changer le cours de votre vie. »

Je mets fin avec cette jolie phrase que mon psy m'avait dite lorsque je lui avais annoncé : « J'ai eu une grosse claque ça y est, j'ai eu une prise de conscience ! » Il m'avait dit avec un sourire : « Ah bravo, je l'attendais… ». Donc le travail de thérapie suit son cours. Ce n'est pas si facile que ça. C'est un travail plus difficile qu'on ne le pense, j'explique en deux trois mots : dans la thérapie, tu bosses, d'une autre manière. Certes, tu parles, tu cherches, il traduit et je mets les puzzles à leur place. C'est beaucoup de réflexions, de remises en question et tu espères qu'avec tout ça, cela fera une jolie mosaïque.

Le petit conseil que je pourrais vous partager pour s'en dégager, s'en sortir, c'est d'extérioriser à un psy, à une personne de confiance avec qui vous sentez de l'apaisement lorsque vous entrez dans son cabinet.

J'ai fait plusieurs psychologues avant de tomber sur ceux à qui j'ai donné toute ma confiance.

Merci encore M. Abdelak. Dr Momo et Dr Muriel Salmona.

Dès que vous pressentez que vous n'êtes pas écouté, ou pas accueilli, qu'il y a un malaise, ne vous forcez surtout pas juste parce qu'ils ont un diplôme. Ce n'est pas parce que c'est écrit psy sur la plaque qu'on va être bien avec. Si quelque chose te dérange, c'est que ce n'est pas le bon.

Pour parler, il faut « se sentir en totale confiance ». Si vous tombez sur une personne toxique, pas à l'écoute, ou avec des phrases assassines, ne désespérez pas. Éloignez-vous et cherchez encore et vous trouverez. Si ce n'est pas un psychologue, essayez le neuro-feed-back, personnellement avec le neuro-feedback, il n'y a pas eu de grand changement – merci à Éva par la même occasion. Ensuite, vous pouvez essayer l'EMDR et si l'EMDR ne marche pas, essayez l'hypnose, si l'hypnose n'a pas fonctionné, essayez la psychanalyse, etc. Ne baissez pas les bras, persévérez jusqu'à ce que vous trouviez la personne avec laquelle vous êtes bien à l'aise pour pouvoir commencer ce travail acharné. « Vous devez être une équipe qui bosse à deux » et pas contre vous. Parlez à des personnes bienveillantes, et si vous ne le sentez pas, que vous êtes embarrassé, que quelque chose au fin fond de vous vous perturbe, personne ne vous oblige de continuer. Éloignez-vous et continuez jusqu'à ce que vous trouviez la confiance et la sécurité. Et à partir de là, le travail peut commencer.

J'ai travaillé, oui, j'ai trimé dur pour parvenir à mon vrai moi. Et à partir du moment où j'ai souhaité faire ce que j'avais décidé pour MOI, ma vie a commencé à se métamorphoser, doucement, mais sûrement.

Renaissance

Face à certaines épreuves, la vie ne nous donne pas beaucoup de choix. C'est soit la mort, soit la renaissance. J'adopte la renaissance… ou bien la naissance pour commencer.

Dans le mot reconnaissance, il y a deux mots : reconnaître et naissance. Lorsqu'on va reconnaître du fond du cœur tout ce que j'ai éprouvé, je vais véritablement renaître, je vais pouvoir revivre. Et je vais sans doute aussi m'en remettre et enfin connaître le bien-être. Plutôt qu'être ivre, laissez-moi ressusciter pour que je puisse vibrer de ces ondes positives et les transmettre. Laissez-moi juste ma « naïveté », que je reste avec mes yeux d'enfant. Je veux rester connectée avec l'humanité.

Malgré ce vécu chaotique, je sens que le bon D. est en moi, tout près de moi. Je sens tous les jours la force et l'énergie qu'il me donne. Malgré tout, il m'a mis des « armures énormes ». On ne peut hélas pas choisir sa famille, mais on peut « choisir ses bons docteurs ». Et sa mamie de cœur et d'autres belles rencontres.

Actuellement, je ressens dans mes tripes une force incroyable même si je ne comprends pas encore le sens de toutes mes épreuves – épreuve est un mot faible pour décrire tout ce que j'ai pu endurer… On ne connaît pas encore la fin du livre, mais j'espère vite la connaître… Et un jour comprendre.

J'ai essayé de convaincre mon entourage d'avancer avec moi vers un monde plus favorable, plus vrai, mais ils ne voulaient pas m'écouter. Ils ne voyaient pas avec les mêmes lunettes que moi. Ils continuent à me voir comme la bête noire. Je pense qu'en vérité, ils ne croient pas en un monde vrai. C'est pour cela qu'ils n'étaient pas prêts pour le long voyage que j'ai mené et que je mène encore. Alors j'ai décidé d'y aller seule. Parce que je croyais, et aussi parce que des gens bons et positifs croyaient en moi. Plus j'avance, plus je vois la lumière. C'est un chemin qui demande beaucoup beaucoup d'énergie. Mais avec cette énergie et énormément d'amour, on peut arriver à un monde meilleur.

Je peux encourager, mais pas forcer. Je ne dois pas me sentir coupable d'avoir pris le chemin de la guérison, car je sais qu'un monde meilleur est là, très proche. Bientôt, je vais passer un cap énorme dans ma vie, indépendamment de ce que d'autres font ou ne font pas, disent ou ne disent pas : éditer mon livre. C'est mon droit de traverser ce pont vers un monde meilleur qui existe, certes avec encore du chemin devant. Même si je dois pour cela laisser des personnes qui me sont chères derrière moi. Je les salue et les encourage à faire tout ce travail de loin. Je ne me sentirai pas coupable, pas honteuse. Je sais qu'un monde meilleur et serein sera bientôt présent. Et pour cela, il faut du courage et se donner pour y arriver. Dès à présent, j'évoque ces sujets en toute simplicité et normalité. Car ce livre n'a pas été écrit ni pour me la jouer ni pour faire la victime. Mais POUR ÊTRE LA PERSONNE DONT J'AVAIS BESOIN étant enfant.et aussi parce que des gens positifs croyaient en moi. Dès à présent, j'évoque ces sujets en toute simplicité et normalité. Ce livre n'a pas été écrit ni pour me la jouer ni pour faire la pauvre misskina.

La pluie et le beau temps

Bon après tout, sur 120 ans d'expérience de vie, il faut savoir rester positif. Je me dis qu'après la pluie, vient le beau temps. Sauf que j'ai été beaucoup trop de fois sous la pluie. J'ai plutôt vécu 18 orages, 24 ouragans et 6 tsunamis. Alors je vais rester patiente et optimiste. Et peut-être apprendre à danser sous la pluie et le soleil… Je suis persuadée qu'on commence à s'extirper de sa position de victime lorsqu'on s'assume pleinement, à visage découvert. Ce livre est aussi un nettoyage complet, tout en profondeur. Un vrai ménage de printemps !

Et la suite dans un prochain livre de résilience et d'espérance.

Je sais qu'après tout ce que je vous ai raconté de pittoresques « D... ne créa pas le mal, le mal est le résultat de l'absence de D... dans les cœurs des êtres humains ».

Un petit échantillon

À 1 jour de vie, elle a été jetée à la DDASS.

À 5 ans, violée par des membres de sa famille.

À 8 ans, elle subit des maltraitances physiques et psychologiques pour le ménage et son grand frère est diagnostiqué comme souffrant de schizophrénie.

À 10 ans, elle subit des maltraitances psychologiques pour les devoirs.

À 11 ans, elle tombe dans les troubles du comportement alimentaire.

À 17 ans, elle atteint les 36 kilos dus à son anorexie.

À 18 ans, elle est virée de son lycée.

À 20 ans, elle fait le tour des hôpitaux de Paris.

À 21 ans, elle est hospitalisée pendant deux ans et demi dans une clinique psy et entre dans la spirale de la boulimie vomitive.

À 22 ans, elle fait la connaissance de sa mamie de cœur.

À 24 ans, elle porte plainte contre ses agresseurs – mais toujours aucune nouvelle de la justice.

À 26 ans, elle se marie et perd sa mère d'une maladie.

À 31 ans, elle devient la maman de son petit prince.

À 32 ans, elle divorce et ne veut plus être sur Terre.

Mais pendant toutes ces années, elle a aussi concentré toute son ardeur pour faire la seule chose importante à ses yeux : écrire. Écrire avec la mélodie de son âme, graver son livre noir sur blanc depuis tant d'années à espérer le faire.

Car écrire son histoire est une façon de se libérer du passé, de hurler sans faire de bruit.

À 35 ans, elle publie son livre et elle voudrait maintenant sentir la résurrection lui donner des ailes.

Il y a quelques années, elle envisageait encore de disparaître, de ne plus être dans ce monde qui n'est pas fait pour elle. Mais aujourd'hui, cette petite fille, cette femme, veut renaître de ses cendres, car cela est nécessaire pour avancer vers une nouvelle vie.

Rien n'est fini tant qu'il y a un souffle de vie.

Et elle est sûre que la vie qui lui reste sera encore plus passionnante que son autre vie. Elle veut encore croire à cela, la philosophie d'une vie après tant de souffrances, la seule et unique possible, c'est de construire, de se relever, de regarder devant.

Renaître et ne jamais abandonner.

C'est lorsqu'on a vraiment traversé la souffrance, l'amertume, le désespoir, la mort intérieure, qu'on connaît le bonheur, les valeurs authentiques de la vie. Et toutes ces épreuves ouvrent les yeux et donnent l'intelligence de vivre une vie spirituelle et non matérialiste, formatée par la pression sociale.

Ma définition de la résilience est de sauter d'une épreuve à l'autre sans perdre le sourire.

Pour arriver à atteindre ce travail de psychologie positive, il faut avoir fait tout un « nettoyage traumatique », un travail d'introspection pour rendre sa vie quotidienne un peu « plus douce et plus utile », pareillement dans l'intention de connaître l'esprit humain en général, pour pouvoir l'épauler.

On n'atteint pas la psychologie positive dès la naissance, non, ce n'est pas inné, c'est un travail colossal de chaque jour surtout lorsqu'on a eu de graves traumatismes.

La toute première chose au préalable est d'être bien entouré psychologiquement, d'avoir une bonne équipe « d'aide psychologique » pour surmonter ces traumatismes et y faire face. Puis le travail se fait instinctivement, jour après jour, année après année. C'est un travail qui demande énormément d'efforts.

Essentiellement, il faut :

– Rester auprès de personnes positives ;

– Leur exprimer sa gratitude ;

– Cultiver sa gentillesse, son sourire ;

– Être sa propre meilleure amie qui te donnera les meilleurs conseils.

On essaye de donner avec ce que l'on peut, avec les moyens qu'on possède, avec le peu « d'outils » qu'on nous a donnés. Disons que cela consiste en une forme de résilience : faire de son choc traumatique un équilibre épanouissant pour apporter de la douceur et de la beauté là où existe pourtant ce trauma douloureux.

Personne ne suppose que la résilience est une recette miracle. C'est un vrai travail de chaque minute, c'est une manœuvre de lutte contre le malheur qui permet de tirer du plaisir à vivre ou à survivre – comme vous voulez. C'est comme une autodéfense pour des petites délivrances intérieures.

La résilience se travaille dans le silence. Tandis que la violence non… Voilà toute la différence.

« 238 pages de pur bonheur. »

Où est le pardon au nom de la société ?
Et le pardon au nom du peuple français ?

Postface

Vous venez de lire le témoignage de Rose.

Un témoignage bouleversant et riche d'enseignements, qui nous plonge une fois de plus dans la culture du déni, et dans la double voire triple peine à laquelle de nombreuses victimes sont condamnées. Une double peine de la famille qui exclut les victimes, comme 9 fois sur 10.

En nous offrant son témoignage avec confiance et sérénité, Rose fait partie des survivantes qui offrent à la société la possibilité de comprendre, comprendre pour agir.

Car derrière la singularité de son histoire demeure inévitablement le désir qui anime tous les survivants : éradiquer les violences sexuelles faites aux enfants et protéger les enfants.

Ce livre est plaidoyer en faveur d'une culture de la protection des enfants, là où la société s'obstine à penser à la culture du silence. Les enfants comme Rose parlent, mais nous sommes incapables de les protéger. Notre responsabilité collective, les victimes en paient le lourd tribut sur leur santé psychique et physique, sur leur travail, leur vie affective et sexuelle, leur vie sociale.

Le témoignage de Rose est l'un des emblèmes des 10 % de la population française victime de violences sexuelles dans leur enfance. Par ce livre, Rose transmet à chacune et chacun d'entre nous sa force pour que l'on puisse agir. L'erreur du lecteur serait de penser que Rose est un « cas isolé ». Bien au contraire, elle fait partie de 160 000 enfants victimes de violences sexuelles chaque année. Ces violences sont dites sexuées, car 80 % des victimes sont des filles, n'en déplaise à celles et ceux qui tentent de jeter en pâture l'argument féministe au profit d'un argument égalitariste – une égalité femme homme qui arrange dans certaines situations.

Voyons donc aussi dans ce témoignage que vous venez de lire, celui d'une femme, une femme victime de violences sexuelles et sexistes comme de trop nombreuses places, renvoyée à sa place dans la société quand elle dire ce qu'elle a subi.

Rose nous amène aussi à faire le vœu que les 82 recommandations de la Commission indépendante sur l'inceste et les violences sexuelles soient appliquées, et notamment que des agressions sexuelles et des viols commis par des cousins soient reconnus comme de l'inceste. Elle nous amène aussi à mesurer l'impact du social négatif que 92 % des victimes subissent. Le fameux : « Je te crois, mais je ne te protège pas ». « Je ne te protège pas », car cela risque de faire exploser la famille, ou c'était un jeu ou encore « tu l'as peut-être cherché », voire pire, tu es une menteuse.

Cela doit nous amener à une réelle réflexion sur l'application de la non-dénonciation de crimes et d'agressions sexuelles, car les enfants parlent, s'expriment, et nous sommes incapables de les protéger.

Merci, Rose pour ce que vous nous amenez. Merci, Rose, d'être une combattante de la culture de la protection des enfants. Merci Rose d'avoir survécu et de nous offrir avec générosité votre parcours pour que la société prenne conscience de ce que la petite fille que vous étiez avez très tôt compris.

Le chemin est encore long, mais une chose est sûre, vous n'êtes pas seule. Vous nous entraînez, moi et toutes les lectrices et les lecteurs, car ce texte de Rose, sa vie, est un appel à un changement collectif, une réparation collective.

Si aujourd'hui les victimes de violences sexuelles sont isolées, faisons en sorte que demain ce soient les bourreaux qui le soient. La société doit choisir son camp : celui des survivants. Le camp d'une société non violente.

Arnaud Gallais
Cofondateur de Mouv'Enfants
Cofondateur du Collectif Prévenir et Protéger
Ancien membre de CIIVISE

Remerciements

À ma grand-mère de cœur, qui est comme ma maman, mon amie, mon infirmière, mon assistante sociale, ma juste parmi les nations. Qui avec son amour inconditionnel et la confiance infinie qu'elle a toujours eue, m'a procuré tellement de forces. Elle m'a soutenue, épaulée, m'a relevée dans tous mes combats depuis douze ans maintenant, sans relâche, jour et nuit. Parfois même dans la fatigue, elle est toujours présente, et tout ça de manière si humble. Fait surprenant de nos jours.

Cette mamie si brave a fait un vrai travail de réparation psychique avec un cœur pur pour que je puisse m'en sortir. Un vrai ange tombé du ciel, un cadeau du bon D. ieu, un signe de sa part. Mamie, tu es une héroïne avec toute ta diplomatie, sache que cette rencontre a changé ma vie. Je ne te remercierai jamais assez. Même ce livre ne peut te rendre tout ce que tu as fait pour moi. Avec toute mon affection, je t'aime, tout simplement.

Je n'oublie pas Étienne, son mari aimant qui ne se montre pas, mais qui a aussi enduré tout cela sans dire un seul mot de travers, il a toujours été là avec compassion. Merci Étienne Marcel.

À mon fils, E. G. qui a deux fois les lettres de D. ieu dans son prénom. Rien n'est un hasard, mon fils, ma magie. Il n'y a qu'Hashem qui veille sur nous. Il y a quatre ans, tu as pointé le bout de ton nez le 8 janvier. Et ce jour-là, tu m'as rempli d'une énergie unique pour que je termine ce travail intense. Ma lumière, mon soleil, c'est générationnel. Ensemble, nous allons construire une vie meilleure, protégée. Mon seul souhait et que nous soyons toujours heureux et que notre vie soit sereine. J'espère y arriver avec tout mon amour et ma tendresse. Ta maman qui t'aime plus que tout au monde.

À mes docteurs et mes psychologues qui sont encore là avec moi, près de moi, toujours optimistes à me redonner espoir et assurance. Merci à mes psychologues d'avoir été là dans tous ces tourments. Je fais un petit clin d'œil tout particulièrement au docteur M. qui est là aussi depuis douze ans, trois fois par jour, par mail, par téléphone, un vrai « coach privé » ! Il m'a sécurisée, corrigée, cultivée, le tout avec humour et tact. Merci. Un jour, je vais vous rendre vachement fière de moi, ce sera à ma façon et avec maturité.

Je voudrais rendre grâce à quelqu'un qui compte tellement pour moi. Il m'a vue et immédiatement il y a eu une alchimie entre nous deux. Il a atterri dans ma vie comme par magie et a eu instinctivement confiance en moi. Il m'a offert sur un plateau d'argent ou plutôt d'or la confiance en moi, un ordinateur portable pour écrire ce livre (« Allez, Rose, tu vas y arriver ! »), l'amour, la tendresse et la sécurité que je ne connaissais pas. Et il a disparu comme s'il n'avait été qu'une apparition surnaturelle. Il m'a montré ce qu'est un homme, un vrai. Avant de se quitter en bons termes, il m'a offert un beau cadeau sentimental pour que je puisse m'envoler et il a réussi ! Merci à cet ange, cette flamme jumelle, reparti dans sa demeure. J'ai eu du mal à faire le deuil, mais il restera mon porte-bonheur. Merci Hervé.

À ma mère. Même si tu ne m'as pas aimée ni choyée, je ne t'en veux pas. Peut-être que c'est grâce à tout ce que tu m'as fait que je suis devenue la mère protectrice que je suis. Que D. ieu repose ton âme en paix. Aujourd'hui, je ne te demande qu'une chose : envoie-moi des bénédictions de là-haut.

À mon père, pour qui j'ai une petite pensée : je te souhaite une bonne santé.

Merci à toutes mes amies qui m'ont accompagnée et ont cru en moi pour ce beau projet. Je les remercie de tout cœur.

J'ai une pensée principalement pour les victimes de violences, quelles qu'elles soient : violences physiques, sexuelles, psychologiques, économiques, etc. Je voulais vous confirmer qu'on peut s'en sortir avec beaucoup de travail et beaucoup de hauts et de bas. Bien entouré et avec de bons médecins, on peut y arriver. Courage ! Vous allez vous en sortir ! Ne lâchez pas même si vous tombez. Ne pas s'en sortir, c'est leur donner du pouvoir.

Aujourd'hui, nous avons toutes sortes d'exutoires ; alors il faut en profiter.

J'ai une pensée éternelle pour mon grand frère qui est tombé malade à cause de ces monstres. Devant tout le monde, je veux te faire cette déclaration : je t'aime beaucoup, beaucoup, mon frère.

Tu m'as donné, transmis des forces qui étaient cachées en moi. À cause ou grâce à tes souffrances. Mais notre histoire n'est pas encore finie et un jour, nous aurons nos réponses à tous les deux.

Je prie pour toi tous les jours. Je demande à Hashem de te guérir. Pour moi, tu n'es pas malade, tu es en souffrance. Tu te protèges avec cette maladie, c'est ton armure pour ne pas souffrir de cette mémoire traumatique. Guerrier tu es ! Mon frère chéri, tu vas guérir au plus vite.

Merci à Charles Chicheportiche (@charloneday sur Instagram) pour toutes ses belles photos. Je suis ravie de son professionnalisme, de sa rigueur et de son talent. Je n'oublierais jamais le local à poubelle, quand on pense que je jouais la belle, ça sentait la mirabelle aussi !

Merci pour le temps précieux que tu as pris pour moi, merci, mon photographe.

Et bien naturellement merci à la correctrice et sa maman qui ont pris de leur temps précieux pour mon livre. Tout est bien qui vient en son temps !

Merci à l'association Mazone pour leur aide psychologique et merci à l'association « Le Monde à Travers un Regard ».

Merci à toute l'équipe de Le Lys Bleu Éditions.

Et le meilleur pour la fin, une lettre rien que pour toi, ma petite fille.

Merci à la petite fille, à ma petite fille intérieure. Qui a été si patiente durant toutes ces années. Tu as été une vraie guerrière. Merci de m'avoir donné tant de chance de me reprendre. À force de tant encaisser, je ne voyais rien, je te laissais de côté, tu passais en dernier. On t'a frappée, on t'a violée, rabaissée. On a profité de toi. Tu attendais qu'on te prenne dans les bras, qu'on prenne ta défense. C'est légitime.

Lorsque j'étais petite, je ne pouvais rien faire. Mais en grandissant, j'aurais dû être plus gentille avec toi, plus douce, plus compréhensive. Pardonne-moi pour tout ce que je t'ai infligé. J'en ai rajouté malgré tout ce que tu avais déjà subi. J'aurais dû plutôt te donner de l'amour, à toi plus qu'à tous les autres. Je sens que tu t'es éloignée, mais je ne sais de quelle manière te demander pardon. Je voudrais tant essayer de faire la paix. Revenons à nos débuts. Toi qui depuis ta naissance n'as vécu que de la violence, laisse-moi te donner un peu d'amour même si tu n'y es pas habituée.

J'offrais des cadeaux et de gentils mots à toute la terre, j'étais toujours là pour sortir des amies de la zut. Mais il n'y a que toi que j'ai massacrée. Alors que c'était envers toi, ma petite chérie, que j'aurais dû être aussi gentille, attentionnée, pleine d'un amour extraordinaire. Personne d'autre ne le méritait autant que toi.

Oh, ma petite fille, comme je t'ai délaissé. Viens, je t'en prie, dans mes bras que je t'enlace pour que toutes tes douleurs partent. Laisse-moi sécher tes larmes. Je t'ai sacrifiée durant trente ans, mais dorénavant je vais veiller sur toi. Laisse-moi le temps de rattraper tout cela. N'écoute plus les méchantes voix de ta famille et celles des gens de l'extérieur qui disent que tu ne vas pas réussir. Ne les écoute pas, je te l'ordonne. Les gens pensent toujours savoir plus que toi, mais cette vie, ce n'est que toi qui l'as vécue. Alors personne ne peut dire quoi que ce soit. Tu sais mieux que quiconque ce qui est bon pour toi après avoir vécu tout cela toute seule.

Tu es capable de faire de belles choses, tu es une belle personne, une belle plante qui pousse lentement certes qui prend son temps, c'est le principal. Malgré tout, tu n'as jamais fait de mal à qui que ce soit. Enlève cette tendance à douter de tout, et surtout de toi. Personne ne te connaît mieux que toi.

Ce qui va te sauver ma petite fille, c'est de ne plus écouter ces voix méchantes. Écoute ton instinct, tu as le don de sentir les émotions toxiques autour de toi. Profites-en pour te protéger et j'en ferais de même avec et pour toi. Apprenons à ton cerveau à moins penser au regard des autres. Je suis scotchée de tout ce que tu as pu vivre sans jamais vouloir te venger. Je t'applaudis pour tout ce que tu as traversé.

Tu as toujours bon cœur, même envers ceux qui t'ont détruit. Pardonne-moi et laisse-moi revenir vers toi. Prends ma main et avançons. Apprenons à faire connaissance ma douce. Aimons-nous, serrons-nous fort que nos cœurs s'emballent à tout jamais. Viens, approche-toi, laisse-moi te bercer. Pleure, car tu peux pleurer de joie et d'émotions, je suis enfin là. Avançons ensemble vers un monde meilleur.

Lexique

Ima yékara : chère mère.

Matane : cadeau.

Tova : bonne.

Ava : amour.

Galit : vague.

Yehiel : que le seigneur vive – caractère : protecteur et dévoué.

Avinou : notre père notre roi (l'homme est roi, lol).

Akiva : tenue par le talon – caractère : droit ambitieux et spirituel.

Ethan : fort, courageux – caractère : un grand gaillard.

Rahel : brebis – caractère : consciencieuse et sensible et sait transmettre son optimisme.

Rose : fleur – caractère : réfléchie et optimiste.

Chabbat : jour de repos dans la religion juive.

Mazal : la chance.

Hachem : D…

Kaha hachem rotsè : c'est comme ça que le bon D... a décidé.

Israël : le pays d'Israël.

Shiva : période de deuil.

Mazal tov : bonne constellation.

Rabbin : chef religieux.

Eilat : station balnéaire d'Israël.

Netivot : ville située dans le sud d'Israël.

Tephila : prière.

Kiddouch : cérémonie de sanctification d'un jour saint (Chabbat ou les fêtes juives).

Kascher : permis.

Kidoush hachem : sanctification du nom divin.

Tehilims : psaumes.

Sefer thora : rouleau de Torah écrit sur parchemin.

Iguerot Hakodech : un livre de réponses du rabbi de Loubavicth.

Imprimé en Allemagne
Achevé d'imprimer en février 2024
Dépôt légal : février 2024

Pour

Le Lys Bleu Éditions
40, rue du Louvre
75001 Paris